성경 마스터 주석서

아모스

성경 마스터 주석서

아모스

펴 낸 날   2025년 02월 19일

지 은 이   H. A. Ironside
옮 긴 이   김환봉
펴 낸 이   이기성
기획편집   서해주, 이지희, 김정훈
표지디자인   서해주
책임마케팅   강보현
펴 낸 곳   도서출판 생각나눔
출판등록   제 2018-000288호
주   소   경기도 고양시 덕양구 청초로 66, 덕은리버워크 B동 1708호, 1709호
전   화   02-325-5100
팩   스   02-325-5101
홈페이지   www.생각나눔.kr
이 메 일   bookmain@think-book.com

· 책값은 표지 뒷면에 표기되어 있습니다.
  ISBN 979-11-7048-842-2 (04230)
  ISBN 979-11-7048-760-9 (세트)

성경 마스터 주석서

- ◆ 국가들의 기소
- ◆ 선택된 민족
  (이스라엘)의 징벌
- ◆ 당신은 여전히 돌아오지 않는가!
- ◆ 이스라엘을 위한 애가
- ◆ 시온에서 안락
- ◆ 상징으로 가르치기
- ◆ 말씀의 기근
- ◆ 곡식을 잃어버리지 않음

아모스

H. A. Ironside 지음 | 김환봉 역자

생각나눔

지은이 H. A. Ironside (1876~1951)

아론사이드는 자신만의 조용한 방식으로 다가오는 하나님의 진노로부터 인간의 유일한 피난처인 예수 그리스도를 높였습니다. 아론사이드는 하나님의 말씀에 대한 끊임 없는 연구를 하였다고 증거합니다. 아론사이드는 자신의 학문적 한계를 보완하기 위해 성경을 충실히 공부했습니다. 그의 사역은 하나님의 말씀을 열고 성령님께서 스스로 말씀하시도록 하는 성경 강해였습니다.

아론사이드는 그 당시 성경을 잘 아셨던 분이고, 그리스도인이라고 하면 알아야 할 50인 중 한 사람입니다. 시카고 형제 중 일부는 아론사이드가 무디 교회의 청빙을 수락하면 그와의 교제를 끊자고 이야기했으나 1930년 2월 24일 아론사이드가 만장일치로 교회에 부름을 받고 이를 수락했을 때 그의 형제 친구들도 기도를 약속하고 지지하였습니다.

주의 깊은 청중은 아론사이드의 메시지 전체에서 항상 교리의 실타래를 발견했다 합니다. 아론사이드는 영적인 것과 영적인 것을 비교하는 방법을 알고 있었습니다.

그의 설교는 설교할 때와 마찬가지로 오늘날에도 여전히 신선하고 의미가 있다 합니다. 현재 국내 기독교 서점에서 아론사이드에 대해 아무도 말하지 않습니다. 하지만 아론사이드의 주석은 성경을 깨닫는 데 도움을 주며 많은 향상된 계시를 말해 줍니다.

성경 마스터 주석서-아모스

옮긴이 김환봉

성경을 잘 이해하는 것이 중요합니다. 성경을 알지 못하면 속을 수 있습니다. 현재 많은 거짓 교리가 많이 있는데 성경적이지 않은 것이 대부분입니다. 성경을 단지 역사적으로 해석하면 에스겔, 이사야, 소대언서 등의 말씀을 이해하지 못합니다. 에스겔, 이사야, 소대언서 등은 대부분 대환난과 재림 천년왕국에 초점이 맞추어 있습니다. 성경을 나누어서 읽어야 잘 깨달을 수 있습니다. 이 문맥이 대환난 전반기 구절인지 후반기 구절인지, 재림에서도 순서를 잘 파악해 보아야 합니다. 재림과 유대인들이 회심 및 죄들이 용서되고 새 언약(new covenant)이 체결되고 새 마음과 새 영이 주어지는 것(에스겔 36:26, 27), 천년왕국 성전이 설립되고 실제 천년왕국의 운영은 어떻게 하는지, 이방인들은 어떠하고 유대인들이 어떠한지 등의 내용을 나누어서 보아야 합니다. 성경을 자신이 스스로 공부해서 이해하는 것은 많은 시간이 소요될 수 있습니다. 아론사이드 목사님이 설명하지 못한 부분을 역자 주 해설하여 성경을 이해하는 데 도움이 되고자 하였습니다.

약 력

목 차

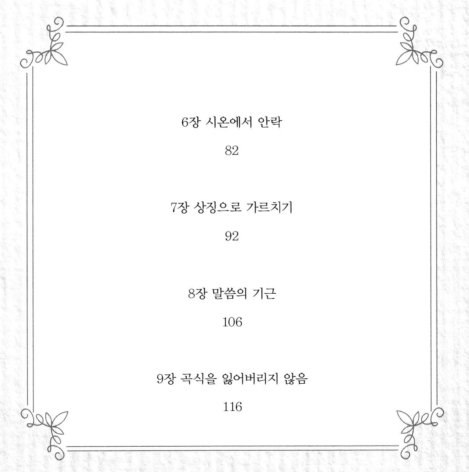

서 문

　아모스 중 우리는 소수의 대언자들에 관한 관습보다 훨씬 더 많은 정보를 가지고 있습니다. 그는 하나님의 영감에 의해서 우리에게 이스라엘과 주변 국가들에 대한 그의 메시지들에 관한 연구를 들어가기 전에 간단히 살펴보는 것이 좋을 여러 가지의 자서전적인 깊은 관심사를 알려줍니다.

　그의 예언들은 이스라엘의 여로보암 2세 왕과 유다의 웃시야 왕의 통치 기간에 주어졌습니다.

　그는 자신을 성경에서 자주 언급된 예루살렘에서 약 20마일 떨어진 유대의 언덕 시골에 있는 읍인 드고아의 목동으로 묘사합니다. 거기서(드고아) 요압에 의해서 보내진 지혜로운 여인이 인간과 신 양쪽의 모든 법에 대한 명백한 위반에서 다윗에게 그의 살인자 아들이 자신의 유산으로 돌아가는 것을 허용하도록 설득해 왔습니다(사무엘하 14:2). 거기서(드고아) 역시 다윗의 용사 중 한 명인 익게스의 아들 이라가 태어났습니다(사무엘하 23:26). 그것(드고아)은 다른 경우들의 수차례에 걸쳐 주목됩니다. 심지어 바빌론으로부터 돌아온 후에도 예루살렘 성벽 건축과 관련하여 그들의 고귀한 자들이 책망을 받았을지라도(느헤미야 3:5, 27) 드고아의 사람들의 열심은 언급됩니다. 큰 고독들에 의해 둘러싸인 광야의 도시인 드고아는 목자의 직업에 있는 사람들에게 적합한 장소였습니다. 거기서 아모스는 대언자의 직분으로 주님에 의해서 분리될 때까지 겸손한 부르심을 추구했습니다.

그는 대언자들의 선한 무리에서 태어나지도 않았고, 그가 스스로 그 부르심을 선택하지도 아니하였다고 우리에게 말합니다. 그러나 그가 "가축 치는 자요, 돌무화과나무 열매(즉, 야생 무화과 열매)를 모으는 자"였을 때 주께서 그에게 "가서 내 백성 이스라엘에게 대언하라."(아모

서 문

스 7:14, 15)라고 말씀하셨습니다. 이것은 아모스에게는 충분했습니다. 그는 하늘에서 들려오는 음성에 불순종하지 않았지만, 광야의 목초지들을 뒤로 남긴 채 그의 출생지로 그의 등을 돌렸습니다. 우리는 곧 그가 그의 거짓 제사장 아마샤에 대한 혐오감과 분노를 크게 일으키면서 북쪽 나라의 수도에서 떨어져 주의 말씀을 선포하는 것을 발견합니다. 그의 소유의 땅으로 도망치라고 명령하였고, 그곳에서 그의 예언을 하라고 명령을 했을 때 그는 담대히 그의 신적 자격을 드러내며 그 어느 때보다 더욱 메시지를 전합니다.

그의 사역 기간 또는 그의 죽음의 환경들 또는 때에 관하여 우리는 기록을 가지고 있지 않습니다. 그러나 우리에게 하사되는 것은 가장 중요한 교훈들로 가득합니다.

그것은 일찍이 하나님의 길이 그들로 후에 공개적으로 성취하게 하는 일을 위해 비밀리 그분의 종들에게 준비하는 것입니다. 광야의 후부에서의 모세, 타작 마당의 기드온, 산비탈에서 '몇 마리 양'을 거느린 다윗, 왕의 고기로 더럽혀지기를 거부한 다니엘, 광야에서의 침례 요한, 그의 물고기 배에서 베드로, 아라비아에서 바울, 드고아 광야에서 양 떼를 따라 가축을 치는 아모스 모두 이 사실을 증명합니다. 알려지지 않은 학교에서 하나님으로부터 이같이 배운 단지 그가 선전의 불꽃 속에서 빛을 발할 수 있다는 것을 관찰하는 것이 중요합니다.

아모스는 오늘날 사람들이 직업으로서 '목회'를 선택하는 것처럼 대언자가 되거나 인정받을 생각은 없었습니다. 그는 의심 없이 작은 농부로서 그의 일생의 끝에까지 아마도 단지 농부의 일손 또는 조수로 그의 천한 부업을 추구하는 것이 만약 그러한 것이 그에 대하여 하나님의 마음이었다면 아주 만족하였을 것입니다. 그러나 그는 양 떼를 따른 것처럼 그의 혼은 여호와와 교제하고 있었습니다. 그가 광야의 야생 무화과나무들을 모았을 때 그의 마음은 하나님과 혼의 교제의 큰 문제와 그

서 문

분의 길들에서 걷는 중요성을 묵상하고 있었습니다.

그가 가축의 떼를 지키었을 때 그는 믿음직한 창조주의 사랑과 돌봄의 놀라운 교훈들을 배우고 있었습니다. 그리고 그렇게, 그에 대하여 시간의 충만함이 왔었을 때 말하자면 빛나는 주께서 이미 불꽃으로 연료를 준비했습니다. 천한 목동은 단지 자신의 백성뿐만 아니라 모든 이스라엘과 주변 국가들에게 하나님의 영이 충만한 대언자로서 강하게 되었습니다.

우리는 하나님과의 협상 없이, 믿지 않음의 주저 없이, 일시적인 지지에 관하여 흥정이나 질문이 없는 것을 읽습니다. 전에조차도 육체적으로 참을성이 없었고 대언자 또는 화자로서 전에 매력적인 주목이 되기를 바라지 않았습니다. 그것이 단순하고 천한 하나님의 사람에 대한 기록을 통하여 그의 주께서 무화과나무를 볼 때 하나님께서는 기다릴 수 있고 달려갈 수 있습니다. 이러한 모든 것들에서 오늘날 얼마나 많은 것들이 우리의 혼들을 위한 것인가요! 거기에는 많은 자기가 만든 목사들이 있고 그들 내부의 삶들은 그들의 목사에게 슬픈 대조에 있습니다. 역시 많은 사람이 하나님의 종에 속한 장소를 가지는 것을 주장합니다. 그들은 결코 그분의 학교에서 약간의 시간을 소비하지 않습니다. 그분의 길들도 배우지 않습니다. 아모스가 했던 것처럼입니다. 이같이 기대된 것처럼 주에 의해서 보내어지지 않은 사람으로부터 왔을 때 그들의 투덜거림은 공허하고 극단적으로 실망감입니다. 그것은 다행히 아모스와는 다릅니다. 더욱 우리가 메신저에 대해서 배우면 배울수록 더욱 우리는 그의 메시지를 듣도록 준비됩니다.

그 감춰진 세월은 낭비되지 않았습니다. 그들은 단지 그가 자신의 혼에게 말하는 하나님의 목소리를 들었던 것이 여러 해가 아니었을 뿐만 아니라 그들에게서 그는 경험을 얻었고, 나중에 가치 없게 될 사람과 사물들 안에서 시야를 얻었습니다. 되풀이해서 그의 공개적인 투덜거림들에서 그는 표현들을 사용하고 또는 조명들을 사용합니다. 그것은 그의 초기 인생에서 그에게 둘러싸고 있는 생명을 불어넣든 불어 넣지 않든 많은 것들을 그가 어떻게 밀접하고 통찰력 있게 준수했었는지를 보여줍니다. 이것이 따르는 구절들을 충분히 명백하게 만듭니다. 2장 13절, 3장 12절, 4장 9절, 5장 8절, 6장 12절, 7장 1절, 7장 2절. 다른 것들도 역시 우리는 우리가 진행됨에 따라 유의할 것입니다.

아모스 책의 주제는 이스라엘과 유다 및 그들에 관련하여 국가들에 대한 심판에 대해서 강조적인 하나입니다.

첫 두 장에서 우리는 여덟 개의 분리된 짐들을 가지고 있고, 각각 다마스커스(시리아), 가자(팔레스타인), 두로(레바논), 에돔, 암몬(요르단), 모압(요르단), 유다, 이스라엘을 말합니다.

예언의 두 번째 부분은 3장에서 6장까지를 포함하며 이스라엘에 관한, 즉 북쪽의 10지파 왕국에 대한 주의 말씀을 전합니다.

  세 번째이자 마지막 부분은 7장에서 9장까지입니다. 그 장에서 대언자의 개인적인 역사에 헌신 된 주목할 만한 삽입구(아모스 7:10-17)와 함께 우리는 일련의 다섯 가지 환상들을 가지고 있습니다. 우리는 이미 약간 주목했습니다. 그 환상들은 천년왕국의 축복과 회복에 관한 선언과 함께 끝납니다. 호세아와 요엘, 그리고 일반적으로 대언서들 전반에 걸쳐 등장합니다.

  심판이 주제이기는 하지만 여전히 심판은 영광의 길을 예비하는 것일 뿐입니다. 주께서 모든 땅 안에 의와 축복을 세우실 때까지 멈추지 않으실 것입니다.

1장 및 2장

국가들의 기소

아모스는 사람들이 그의 천한 기원을 부르는 것에 관한 경향이 될 수 있었던 것을 숨기지 않습니다. 그는 전체적으로 "유다 왕 웃시야 시대, 이스라엘 왕 요아스의 아들 여로보암 시대 곧 지진이 있기 이 년 전에 드고아의 가축 치는 자들 가운데 거하던 아모스가 이스라엘에 관하여 본 말씀이라."(아모스 1:1)로 시작합니다. 여기서 대언자의 이름, 그의 천한 부르심, 그의 거주 장소, 그리고 그의 예언의 날짜는 모두 명백하게 설정되었습니다.

언급된 지진은 의심 없이 한 세대 이상에 관한 시대를 표시합니다. 그러나 우리는 현재 그것이 어느 위치에 의한 기록이 없습니다. 유대 전통 가르침에서 그것은 웃시야가 불경스럽게 자신이 주의 제사장 직분을 취하려고 했을 때 발생한 것으로 말 되고 있습니다. 요세푸스는 이같이 두 사건을 연결합니다. 그러나 이것 중 증거는 없습니다.

이미 이 첫 구절에서 언급된 다른 지점에 거주하였을 때 우리는 즉시 예언적 메시지들로 돌아옵니다. 그것 중 전에 기록된 것처럼 첫 두 장에서 여덟 개가 있습니다. 1장에서 5개 2장에서 3개가 있습니다.

2절에서 우리는 다루어진 국가들은 예루살렘과 시온 산과 관련하여 간주되도록 모입니다. 거기서 여호와께서 그분의 이름을 설정했었습니다. 그때 그분은 심판에 자신의 목소리를 내시고 그분의 위엄을 울부짖을 것입니다. 목자들의 거처들이 애곡하고 갈멜 산 꼭대기가 시듭니다.

[역자 주: "그가 이르되, 주께서 시온에서부터 울부짖으시며 예루살렘에서부터 자신의 목소리를 내시리니 목자들의 거처들이 애곡하고 갈멜 산 꼭대기가 시들리라, 하니라."(아모스 1:2) 이 말

1장 및 2장 국가들의 기소

씀은 재림하여 시온에서부터 울부짖으시며 예루살렘에서부터 자신의 목소리를 내시고 갈멜 산 꼭대기로 향하는 재림의 경로를 알려주고 있습니다. 하박국 주석서 재림의 경로 참조.]

각각 분리된 예언은 이름의 변화에 대해서 별도로 하고 같은 엄숙한 방식으로 시작한다는 것을 주목하십시오. "다마스쿠스의 세 가지 범법 곧 네 가지 범법으로 인해 내가 그곳의 형벌을 돌이키지 아니"(아모스 1:3) 할 것입니다. 이것은 유대인 해설자들은 일반적으로 '내가 그들에게 용서했던 세 가지 범법들이지만 네 번째는 내가 심판하러 들르겠다.'라는 무력을 가진 것으로 이해합니다. 그것은 적어도 그분의 오래 참으심에서 하나님께서 계속해서 기다렸고, 마지막 진노를 하기 전까지 회개에 대한 어떤 증거를 찾았다는 것을 의미합니다. 하지만 회개하는 자가 아무도 없었습니다. 세 가지 범법에서 그들은 그들의 사악함의 잔을 채웠습니다. 네 번째에서 그것이 넘쳐 흘렀고, 더 많은 모두의 시험이 무익하다는 것을 선언합니다. 그들은 그분의 시야에서 부패하고 가증스럽습니다. 그러므로 심판이 그것의 진로를 취해져야 합니다.

각 백성의 가장 큰 죄는 특별히 무서운 기소 및 선견자의 영감 받은 입으로부터 나오는 결합된 선고를 설정됩니다.

다마스쿠스는 '쇠 타작 도구로 길르앗을 타작'하였습니다. 요르단을 가로질러 이스라엘의 드러난 국경들을 무자비하게 박해했을 때 그들은 남녀노소에게 무자비함을 보여주었습니다. 하지만 그 땅을 휩쓸었고, 도리깨 아래 곡식으로서 그들을 위협하고 모두 비슷하게 베어 넘어뜨렸습니다. 이러한 이유로 그들은 우주의 도덕적 통치자에 의해서 배분된 자비 없는 심판을 받아야 합니다. 그분의 눈은 모두 그들의 길들 위에 있습니다.

[역자 주: "주가 이같이 말하노라. 다마스쿠스의 세 가지 범법 곧 네 가지 범법으로 인해 내가 그곳의 형벌을 돌이키지 아니하

1장 및 2장 국가들의 기소

리니 그들이 쇠 타작 도구로 길르앗을 타작하였기 때문이라. 그러나 내가 하사엘의 집에 불을 보내리니 그 불이 벤하닷의 궁궐들을 삼키리라."(아모스 1:3, 4). "그 불이 벤하닷의 궁궐들을 삼키리라." 이 말씀은 예레미야 49장 27절에서 나옵니다. 이 말씀은 "어찌 찬양받는 도시, 내가 기뻐하는 도시가 남아 있지 아니한가!"(예레미야 49:25)라는 말씀이 성취된 뒤에 벤하닷의 궁궐들이 삼켜지는 말씀입니다. 즉 대환난 중반 이후에 시리아가 전쟁의 불로 궁궐들이 삼킨다는 말씀으로 보입니다. 여기에서 벤하닷의 옛 역사적 인물을 미래의 왕의 인물로 대체해 놓은 것입니다. 성경에서 중요한 부분이 바빌론 왕 느부갓네살을 옛 역사적 인물을 사용하여 적그리스도를 나타내고 있습니다. 예레미야 27장 6절에서 8절까지를 보면 바빌론 왕 느부갓네살이 적그리스도인 것을 알 수 있습니다. 에스겔 26장 7절에서도 바빌론 왕 느부갓레살이 나옵니다. 이 바빌론 왕 느부갓레살이 적그리스도입니다. 영어 KJV에서 Nebuchadnezzar(느부갓네살)이 맞고 Nebuchadrezzar(느부갓레살)은 오타가 있습니다. 왜냐하면, 에스겔 26장에 등장하는 바빌론 왕 느부갓레살과 예레미야 27장 등에 나오는 바빌론 왕 느부갓네살은 내용이 같은 인물, 적그리스도입니다. 역사적 바빌론 왕 느부갓네살을 예레미야 46장 2절, 37장 1절, 25장 1절 등에서 역사적 인물들인 요시야와 여호야김 등과 함께 언급되며 "바빌론 왕 느부갓레살(Nebuchadrezzar)"로 영어 KJV에서 말씀하고 있습니다. 예레미야 46장 2절에서 "… 유다 왕 요시야의 아들 여호야김의 제사 년에 바빌론 왕 느부갓레살(Nebuchadrezzar)이 그 군대를 쳤더라."라고 기록되어 있으며 다니엘 1장 1절에서 "유다 왕 여호야김의 통치 제삼 년에 바빌론 왕 느부갓네살(Nebuchadnezzar)이 예루살렘으로 와서 그곳을 에워쌌더니."라고 기록되어 있습니다. 요시야와 여호야김의 역사적 인물이 등장하는 곳에 '느부갓레살'과 '느부갓네살'로 다르게 표기되어 있습니다. 요시야의 아들 여호야김의 제사 년과 제삼 년은 "바빌론 왕 느부갓네살(Nebuchadnezzar)"이 왕인 기간입니다. 바빌론 왕 느부갓네살은 여호야김, 여호야긴, 시드기야, 그달리야 등과의 동시대 기간입니다. 성경에서 '바빌론

1장 및 2장 국가들의 기소

왕 느부갓네살'의 왕의 기간은 다니엘서 왕좌에서 쫓겨나 그의 영광이 빼앗긴 7년을 제외하면 38년 정도입니다. 역사적으로 여호야김이 '바빌론 왕 느부갓네살'의 삼 년 동안 종이었는데(열왕기하 24:1) 그가 '바빌론 왕 느부갓네살'을 배반하자 주께서 갈대아 사람들과 시리아 사람들과 모압 족속 부대와 암몬 자손 부대를 보냈습니다(열왕기하 24:2). 미래에 대환난 때 시리아 다마스쿠스는 사라져 도시가 되지 못하고 폐허 더미가 될 것입니다(이사야 17:1). 시리아의 왕국이 다마스쿠스에서 그치며 시리아의 남은 자들은 이스라엘 자손의 영광같이 될 것입니다(이사야 17:3).

 "내가 또한 다마스쿠스의 빗장을 꺾고 아웬 평야에서 거주민을 끊으며 에덴의 집에서 홀 잡는 자를 끊으리니 시리아 백성이 포로가 되어 기르로 가리라. 주가 말하노라."(아모스 1:5). 이 말씀에서 아웬 평야는 이집트의 아웬을 말하는 것입니다. 미래에 대환난 중반 지나 적그리스도가 이집트 아웬(에스겔 30:17)을 침략할 것입니다. 에덴은 레바논을 말하는 것입니다(에스겔 31:16). 에덴의 집에서 홀 잡는 자를 끊는다는 말씀은 레바논의 사람들

에서 홀인 왕권을 잡는 자를 끊는다는 말씀입니다. 기르는 모압 족속 지역인 요르단을 말하는 것입니다.]

고대의 팔레스타인 수도인 가자는 그분의 백성들에게 그들의 희생자를 만들었습니다. 그들을 포로로 잡고 팔고 그들을 에돔에게 주었고(유형에 있어서, 얼마나 거짓 종교의 생생하게 보여주는 그림이 사람에게 육신의 힘으로까지 전달하는가!) 이같이 그의 가까운 친척을 노예로 만들고 파괴하기 위해 잔인한 형제 아닌 적을 도왔습니다. 그러나 그들이 주의 잘못된 백성의 멸망을 보았을 때 그분의 불과 그분의 손이 블레셋을 대적할 것입니다. 심지어 그것의 완전한 멸망으로까지입니다(아모스 1:6-8).

[역자 주: "주가 이같이 말하노라. 가자의 세 가지 범법 곧 네 가지 범법으로 인해 내가 그곳의 형벌을 돌이키지 아니하리니 이는 그들이 모든 포로를 포로로 사로잡아 에돔에게 넘겨주었기 때문이라. 그러나 내가 가자의 성벽에 불을 보내리니 그 불이 그곳의 궁궐들을 삼키리라. 또 내가 아스돗에서 거주민을, 아스글

1장 및 2장 국가들의 기소

론에서 홀 잡는 자를 끊고 또 에그론을 치기 위해 내 손을 돌리리니 블레셋 사람들 중에서 남은 자들이 멸망하리라. 주 하나님이 말하노라."(아모스 1:6-8). 이사야 14장 29절에서 32절까지를 보면 막대기인 적그리스도가 팔레스타인을 침략합니다(이사야 14:29, 30). 블레셋 사람들 중에서 남은 자들이 적그리스도에 의해서 모두 죽습니다(이사야 14:30, 아모스 1:8).]

바다에 의해서 상인의 도시 두로는 솔로몬과 히람의 날들에 이스라엘과 '형제의 언약'에서 한번 체결된 언약을 잊어버렸습니다. 이같이 에돔의 편에 서서 그들이 사로잡은 그들을 포로들로 넘겨주었습니다. 그러므로 불이 두로의 궁궐들을 차단하고 그 엄청난 난공불락의 성벽을 삼켜야 합니다(아모스 1:9, 10).

[역자 주: "주가 이같이 말하노라. 두로의 세 가지 범법 곧 네 가지 범법으로 인해 내가 그곳의 형벌을 돌이키지 아니하리니 이는 그들이 모든 포로를 에돔에게 넘겨주고 형제의 언약을 기억하지 아니하였기 때문이라. 그러나 내가 두로의 성벽에 불을 보내리

니 그 불이 그곳의 궁궐들을 삼키리라(아모스 1:9, 10). 미래에 대환난 중반 시작 전에 레바논, 두로 도시에 적그리스도가 침략할 것입니다(에스겔 26:7-12, 이사야 14:20). 공포(에스겔 28:19)가 될 적그리스도가 되기 전 '죄의 사람'일 때 미래에 대환난 전반기 어느 시점에서 민족들 중에서 무서운 자들을 데려와 전쟁을 일으켜 '죄의 사람'을 죽일 것입니다(에스겔 28:7-10, 이사야 14:19).]

일찍이 야곱의 씨 중 가장 쓴 적의 에돔은 "칼을 들고 자기 형제를 쫓아가며, 불쌍히 여기는 것을 다 버리고" 그의 분노에 가차 없었습니다. 그래서 주께서 그분의 의로운 진노의 날에 그에 대한 동정을 잊어야 합니다. 이스라엘에게 쌓인 수치들을 에돔에게 갚으실 것입니다. 오바댜의 예언은 이 구절과 밀접하게 연결되어 있습니다(아모스 1:12).

[역자 주: "주가 이같이 말하노라. 에돔의 세 가지 범법 곧 네 가지 범법으로 인해 내가 그곳의 형벌을 돌이키지 아니하리니 이는 그가 칼을 들고 자기 형제를 쫓아가며 불쌍히 여기는 것을 다

1장 및 2장 국가들의 기소

버리고 영구히 분노하여 찢으며 자기 진노를 영원히 간직하였기 때문이라. 그러나 내가 데만에 불을 보내리니 그 불이 보스라의 궁궐들을 삼키리라."(아모스 1:11, 12). 에스겔 25장 12절부터 14절까지를 보면 에돔이 유다 집을 대적하고 크게 잘못을 저지르며 그들에게 원수를 갚았다고 말씀합니다. 따라서 에돔의 사람과 짐승을 그곳에서 끊으며 데만에서부터 시작하여 그곳을 황폐하게 할 것이라 말씀합니다(에스겔 25:12-14). 오바댜 18절에서 "그들이(유대인들) 저들을 불사르고 삼키리니 에서의 집에 남아 있는 자가 하나도 없으리라."라고 말씀합니다. 오바댜 17절을 보면 "시온 산 위에 구출이 있고 거룩함이 있을 것이요."로 보아서 18절은 대환난 끝부분으로 보입니다.]

암몬이 자신의 소유 국경을 넓히고자 선택된 민족의 소망을 떨쳐 버리기 위해 가장 극악무도의 잔인성을 보이며 이스라엘에 대적한 증오의 암몬의 사악한 표시는 암몬 자신의 죄를 범한 우두머리에게 신의 보복을 불러왔습니다. 그는 그분의 진노 회오리바람이 부는 날에 여호와의 시험의 모든 격노를 받게 되어야 합니다(아모스 1:13-15).

[역자 주: "주가 이같이 말하노라. 암몬 자손의 세 가지 범법 곧 네 가지 범법으로 인해 내가 그곳의 형벌을 돌이키지 아니하리니 이는 그들이 자기 경계를 넓히려고 길르앗의 아이 밴 여인들의 배를 갈랐기 때문이라. 그러나 내가 랍바의 성벽에 불을 놓으리니 그 불이 전쟁하는 날의 외치는 소리와 회오리바람이 부는 날의 폭풍과 더불어 그곳의 궁궐들을 삼키리라. 그들의 왕이 포로로 잡혀가되 그와 그의 통치자들이 함께 잡혀가리라. 주가 말하노라."(아모스 1:13-15) 예레미야 50장 44절을 보면 바빌론 왕인 적그리스도가 요르단의 범람한 곳에 있는 것을 알 수 있습니다. 에스겔 21장 28절에서 32절까지를 보면 요르단에 전쟁이 있어 암몬 족속을 죽이는 것을 볼 수 있습니다. 빛을 내는 살육 무기와 번쩍임의 전쟁 무기로 살육합니다(에스겔 21:28). 요르단과 전쟁을 이루는 사람들은 짐승 같은 자들 곧 멸하는 데 익숙한 자들이라고 말씀합니다(에스겔 21:31, 25:4). 이들은 적그리스도의 군

1장 및 2장 국가들의 기소

대, 즉 이라크 군대로 보입니다. 왜냐하면, 예레미야 50장 44절에서 적그리스도가 요르단의 범람한 곳에 있었기 때문입니다. 전쟁으로 요르단의 암몬 족속들은 모두 사라지게 됩니다(에스겔 25:7, 10). 다만 요르단의 모압 족속은 존재하게 됩니다. 예레미야 50장 44절에서 적그리스도가 요르단에 있는 시각과 에스겔 21장 19절부터 21절까지를 보면 바빌론 왕인 적그리스도가 요르단 암몬 족속의 랍바스에 위치하고 있는 시각은 다르다고 여깁니다. 에스겔 21장 19절에서 21절까지는 대환난 중반 시작 전을 말씀하고 있으며, 예레미야 50장 44절은 이라크 바빌론 땅이 멸망할 때인 대환난 중반 지나 1년 6개월(예레미야 51:46) 정도 지난 시점이라 보입니다.]

다른 한편으로 모압은 이스라엘에 대한 잔인성이 변화되지 않았지만 자신의 중대한 죄들이 유죄일 때 에돔의 심판이 실시되어 함께 일으켜집니다. 그러므로 재판관이 "그곳의 한가운데서 끊어"져야 합니다. 그리고 모든 그의 통치자들도 죽습니다(아모스 2:1-3).

[역자 주: "주가 이같이 말하노라. 모압의 세 가지 범법 곧 네 가지 범법으로 인해 내가 그곳의 형벌을 돌이키지 아니하리니 이는 그가 에돔 왕의 뼈를 불태워 석회가 되게 하였기 때문이라. 그러나 내가 모압에 불을 보내리니 그 불이 그리욧의 궁궐들을 삼키리라. 모압이 떠드는 소리와 외치는 소리와 나팔 소리 가운데서 재판을 끊고 그곳의 모든 통치자들을 그와 함께 죽이리라. 주가 말하노라."(아모스 2:1-3) 미래에 대환난 때 모압에 전쟁이 있어 핵폭탄이 투하되어 모든 사람의 머리가 대머리가 될 것이며(예레미야 48:37), 모압의 모든 지붕이 파괴되어 애통함이 있을 것입니다(아모스 48:38). 모압 사람들은 비행기를 타고 도망할 것이고, 그곳의 도시들은 황폐하게 되고 그 안에 거하는 자가 없을 것입니다(예레미야 48:9). 그리욧과 보스라와 또 멀리 있거나 가까이 있는 모압 땅의 모든 도시들에 닥칠 것입니다(예레미야 48:24). 그리욧은 탈취를 당하고 강한 요새들은 놀랐나니 그 날에 모압에 있는 용사들의 마음이 산통을 겪는 여인의 마음 같을 것일 것입니다(예레미야 48:41). 모압은 멸망을 당해 백성을 이

루지 못할 것입니다(예레미야 48:42). 모압 땅에서 기쁨과 즐거움이 사라질 것입니다(예레미야 48:33). 모압은 남은 자가 심히 적고 미약할 것입니다(이사야 16:14). 마지막 날들에 모압의 포로된 자들을 다시 데려오게 될 것입니다(예레미야 48:47).]

이같이 먼 예언적 메시지들은 이스라엘 땅을 둘러싼 백성들을 대적하여 지시되어 집니다. 역사는 그들의 충만함의 증거입니다. 가자, 두로, 에돔, 암몬, 모압은 이름들 외에 존재합니다. 그들의 영광은 훨씬 이전에 사라졌습니다. 다마스쿠스는 여전히 존재합니다. 그러나 그녀의 백성은 사로잡혀 모슬림은 그녀의 궁궐들에 거주합니다. 이같이 목동 대언자의 예언들은 여호와의 말씀이 되도록 증명됩니다. 그러나 이교도들 대적할 뿐만 아니라 그는 자신의 목소리를 들어 올렸습니다. 유다와 이스라엘에게 그는 역시 그들의 불경스러운 길들 때문에 오랫동안 지연된 심판의 다가옴을 선언해야 했습니다.

모든 다른 사람들 위에 특권을 가진 유다는 주의 법을

경멸하였고, 그분의 명령들에 순종을 거절하였습니다. 그들의 거짓 선생들의 입은 그들에게 거짓 대언자들을 일으켰고 그들은 하나님의 하늘에서 보내어진 메시지들보다 그들의 조상들의 메시지를 선호하였습니다. 아아, 조상들은 그들의 반석으로 돌아섰고, 자녀들은 그들의 길들에서 걸었습니다. 이러한 이유 때문에 예루살렘의 궁궐들은 그 국가들과 같이 불로 타 버리게 될 것이고, 여호와께서 자신의 이름을 둔 성전은 그분의 적들에 포기되어 집니다(아모스 2:4, 5).

[역자 주: "주가 이같이 말하노라. 유다의 세 가지 범법 곧 네 가지 범법으로 인해 내가 그곳의 형벌을 돌이키지 아니하리니 이는 그들이 주의 율법을 멸시하고 그의 명령들을 지키지 아니하며 자기들의 거짓말 곧 자기 조상들이 따라가던 그 거짓말로 말미암아 잘못을 범하였기 때문이라. 그러나 내가 유다에 불을 보내리니 그 불이 예루살렘의 궁궐들을 삼키리라."(아모스 2:5) 미래에 대환난 중반 시작 전에 이스라엘 땅에 전쟁이 일어나는 이

1장 및 2장 국가들의 기소

유는 이사야 42장 24절, 25절에 나타나 있습니다. "누가 야곱을 노략물로 내주고 이스라엘을 강도들에게 내주었느냐? 주께서 내주지 아니하셨느냐? 우리가 그분께 죄를 지었도다. 그들이 그분의 길들로 걸으려 하지 아니하고 그분의 법에 순종하지 아니하였도다. 그러므로 그분께서 그에게 맹렬한 분노와 강력한 전쟁을 쏟아부으시매 그것이 사방에서 그에게 불을 붙였으나 그는 알지 못하였고 그를 태웠으나 그는 그것을 마음에 두지 아니하였도다."(이사야 42:24, 25) 그러나 대환난 때 지파들은 재림을 고대하면서(이사야 63:17) "오 주여, 어찌하여 주께서는 우리가 주의 길들을 떠나 잘못을 범하게 하시고 우리 마음을 강팍하게 하사 주를 두려워하지 아니하게 하시나이까?"(이사야 63:17)의 고백을 들을 수 있습니다. 하나님이 유대인들을 크게 속일 것입니다(예레미야 4:10). 미래에 대환난 중반 시작 전 전쟁을 겪는 이유는 다른 구절에서도 찾아볼 수 있습니다. 에스겔 5장에서 판단의 규범들과 법규들을 거부하고 사방에 있는 민족들보다 더 많이 악한 짓을 행한다고 말씀합니다(에스겔 5:6, 7). 또한, 대환

성경 마스터 주석서-아모스

난 전반기 제3 성전을 지어 놓고 가증한 일(에스겔 5:9, 11)들을 행한다고 말씀합니다. 이 가증한 일은 에스겔 8장에 나타나 있습니다. 이 말씀은 역사적인 것이 아니라 미래적입니다. 왜냐하면, 에스겔 8장 18절에서 "내 눈이 아끼지 아니하고 내가 불쌍히 여기지도 아니하리라."(에스겔 8:18)라는 말씀이 이스라엘이 전쟁을 겪는 말씀 앞서 동일한 말씀인 "내 눈이 아끼지 아니하고 내가 불쌍히 여기지도 아니하리라."(에스겔 5:11)라는 말씀이 나타나 있습니다. 또한, 유대인들은 산당들과 제단들을 두고 우상들을 둡니다(에스겔 6:3-6). 음탕한 마음(에스겔 6:9)과 악한 행위들(에스겔 6:9)과 피를 흘리게 하는 범죄들로 가득하며 예루살렘이 폭력으로 가득합니다(에스겔 7:23). 또한, 다른 여러 가지 죄들로 인하여 유대인들이 전쟁을 겪는 것입니다.]

이스라엘의 기소가 모두 중 가장 깁니다. 교만한 북쪽 나라가 탐욕, 방탕, 우상 숭배로 변하고 여전히 잘못된 해악에 관한 무관심으로 투덜거림으로 변화됩니다. 그들은 은을 얻기 위해 의로운 자를 팔며 신 한 켤레를 얻기 위해 가난한 자를 팝니다. 상업의 가장 흔한 상거래 물품이 가난한 자들의 대의보다 그들의 탐욕스러운 눈들에는 더욱 가치 있었습니다. 가장 사악한 종류의 더러움의 행위로 살면서 그들은 여전히 주의 거룩한 이름에 의해서 그들 자신을 불렀습니다. 이같이 이교도의 시야에서 그분의 이름을 모독하였습니다. 우상 숭배는 그들에게 불을 지폈고, 그들은 모든 제단에 매우 가난한 자가 서약한 의복들을 그들 자신에게 내려놓고 "자기들의 신을 섬기는 집에서 정죄받은 자들의 포도주"를 마시었습니다. 율법은 밤새 서약으로서 가난한 자의 의복을 지키는 것을 금했었습니다. 하지만 그들은 율법을 경시할 뿐만 아니라 그들의 우상들의 숭배에 이같이 얻어진 의복들을 공공연히 바쳤습니다. 모든 율법에 대조하여 재판관들은 또한 그들이 그들의 우상 숭배적인 축제들을 위한 포도주의 구매에 대한 그들의 벌금을 부과했습니다. 이것은 '정죄받은 자들의 포도주'이었습니다. 이같이 그분의 이름을 자랑한 그들에 의해서 이스라엘의 거룩한 분이 불명예가 되었습니다. 여전히 그분은 그분이 감동적으로 그들을 생각할 때 그들 앞에 아모리 사람을 쫓아내었습니다. 그들을 이집트 땅으로부터 그들을 데려왔고, 그들에게 광야를 통하여 40년간 인도했습니다. 그분은 그들의 아들 중에서 대언자들을 일으켰었습니다. 그분 자신에게 헌신 된 그들의 젊은이 중에서 나사르 사람을 일으켰었습니다. 하지만 그들은 포도주로 인해 구별된 분을 잘못된 방향으로 이끌었고, 대언자들의 경고들을 듣는 것을 거절했습니다. 그것은 슬프고 연민 적 모습이지만 얼마나 종종 그 후 이중적으로 되었습니까! 큰 특권들이 부속한 그들이 종종 가장 큰 범죄자들입니다.

마침내 그들의 죄악들이 충만히 찼습니다. 마지막 곡식단이 수레에 눌림이 되었습니다. 주의 자비가 끝에 이르렀습니다. 그러므로 아무도 주의 격노의 날 '그날에' 견디지 못합니다(아모스 2:6-16).

1장 및 2장 국가들의 기소

[역자 주: "주가 이같이 말하노라. 이스라엘의 세 가지 범법 곧 네 가지 범법으로 인해 내가 그곳의 형벌을 돌이키지 아니하리니 이는 그들이 은을 얻기 위해 의로운 자를 팔며 신 한 켤레를 얻기 위해 가난한 자를 팔았기 때문이라. 그들이 가난한 자를 팔았기 때문이라. 그들이 가난한 자들의 머리 위에 있는 땅의 티끌을 탐내며 온유한 자들의 길을 굽게 하고 한 남자와 그의 아버지가 동일한 젊은 여자에게로 들어가 내 거룩한 이름을 더럽히려 하며 또 모든 제단 옆에서 전당 잡은 옷 위에 스스로 눕고 자기들의 신을 섬기는 집에서 정죄받은 자들의 포도주를 마시느니라. 그럼에도 내가 그 아모리 사람을 그들 앞에서 멸하였는데 그의 키는 백향목의 높이와 같고 그는 상수리나무같이 강하였으나 내가 위로부터 그의 열매를 멸하고 아래로부터 그의 뿌리들을 멸하였느니라. 또한, 내가 너희를 이집트 땅에서 데리고 올라온 뒤 사십 년 동안 너희를 인도하여 광야를 지나가게 하고 그 아모리 사람의 땅을 소유하게 하였으며 너희 아들들 중에서 대언자들을, 너희 젊은이들 중에서 나사르 사람들을 일으켰나니, 오 너희

이스라엘 자손들아, 그 일이 참으로 그렇지 아니하냐? 주가 말하노라. 그러나 너희가 나사르 사람들에게 포도즙을 주어 마시게 하며 대언자들에게 명령하여 이르기를, 대언하지 말라, 하였느니라. 보라, 곡식 단을 가득 실은 수레가 눌림같이 내가 너희 밑에서 눌렸나니 그러므로 빠른 자도 도주하지 못하고 강한 자도 자기 힘을 강하게 하지 못하며 강력한 자도 자신을 구출하지 못하고 활을 다루는 자도 서지 못하고 말을 타는 자도 자신을 구출하지 못하며 강력한 자들 가운데서 용감한 자도 그 날에는 벌거벗은 채 도망하리라. 주가 말하노라(아모스 2:6-16). 이 말씀은 역사적인 내용을 포함하여 미래에 있을 대환난 전반기 중반 시작 전 전쟁으로 인하여 구출하지 못하는 사람과 도망하는 사람들이 있음을 말씀하고 있습니다.]

여기에서 얼마나 엄숙한 책임들이 기록하였는가! 구약의 이 말씀들을 찾는 것은 너무 많이 있습니다. 오, 오늘날 주의 이름에 의해서 부르심 받은 우리가 그들을 잘 숙고할 수 있습니다!

1장 및 2장 국가들의 기소

3장

선택된 민족(이스라엘)의 징벌

이 장에서 예언의 두 번째 부분이 시작되고, 6장 끝에 까지 진행됩니다. 이스라엘에 관한 주의 말씀을 포함합 니다. 예측된 심판이 실행되기 전까지 마지막 엄숙한 경 고를 우리는 단지 주시했습니다.

그것은 단지 이 예언에서 '이스라엘의 아들들'의 이름 아래 아모스가 언급하는 10지파뿐만 아니라 주께서 '이 집트 땅에서 데리고 올라온 전 가족'입니다(아모스 3:1). 그 들은 그 당시에 두 왕국으로 나누어졌을지라도 한 민족 으로서 간주됩니다. 그들의 특별한 특권들이 그들의 무 지한 이교도 이웃들보다 그들에게 훨씬 더 많은 책임이 있었습니다. 그분은 "땅의 모든 가족들 중에서 너희만 을 알았나니 그러므로 내가 너희의 모든 불법들로 인해

벌하리라."(아모스 3:2)

[역자 주: "오 이스라엘 자손들아, 주가 너희를 대적하여 말한 이 말을 들으라. 내가 이집트 땅에서 데리고 올라온 전 가족을 대적하여 말하노라. 내가 땅의 모든 가족들 중에서 너희만을 알 았으니 그러므로 내가 너희의 모든 불법들로 인해 너희를 벌하리 라."(아모스 3:1, 2) 유대인들의 불법들로 인해서 벌할 것인데 이는 대환난 중반 시작 전의 전쟁을 말하는 것입니다(아모스 3:11).]

이것이 우리가 결코 시야를 잃어버리지 말아야 할 원 칙입니다. '책임성은 관계로부터 흐름입니다'. 왜냐하면, 여호와께서 국가들로부터 이스라엘을 구별하셨었기 때 문입니다. 그리고 자신과 그들을 언약(covenant) 속으로 데려가셨고 그들은 그들의 호의적인 입장이 요구되는 그 순종에 굴복하도록 기대되었습니다. 그렇지 않으면 그들 은 그분의 징계 처리의 특별한 대상이 될 것입니다. 이 경륜에서 집합적으로 보이는 하나님의 모임에 관해서도 같은 것이 사실입니다. 마찬가지로 모든 개인 성도의 모

3장 선택된 민족(이스라엘)의 징벌

임에 관해서도 사실입니다. 우리는 우리의 고귀한 사명감의 가치 있는 것을 행하도록 부름을 받았습니다. 만약 우리가 행하지 않는다면 우리는 우리의 아버지의 징계를 초래합니다. 징계는 하나님의 마음이 우리를 대적하여 개의치 않는 것을 증명하는 것이 아닌 반대입니다. 그것은 그분에게 그렇게 행동하도록 인도하는 그분의 사랑입니다. 세상 사람들은 세상의 어리석음으로 진행하며, 그렇게 다스리는 치유를 거의 알지 못합니다. 하지만 세상 사람들은 주의 이름에 의해서 부름을 받은 사람들과는 다른 방법입니다.

3절은 우리에게 진실한 교제의 비밀을 알려줍니다. 두 사람이 동의할 때 단지 함께 걸을 수 있습니다. 그것은 비슷하게 모든 상세한 것들을 보는 문제가 아니라 함께 그들의 친교의 근거에 관해 공통적인 생각들을 가진 것입니다. 하나님은 여기서 숙고 되는 친밀하고 행복한 의미에서 반대하는 자들과는 함께 걸을 수 없습니다. 만약 어떤 사람이 하나님께 영광을 돌리지 않고 다른 사람이 자유분방한 생각들과 악한 길로 빠진다면 성도들은 거룩한 교제에서 함께 걸을 수 없습니다.

[역자 주: "두 사람이 합의하지 않았는데 함께 걸을 수 있느냐?"(아모스 3:3) 어떤 두 사람이 함께 합의해야 함께 걸을 수 있습니다. 결혼할 때에도 두 사람이 합의가 있어야 하고 믿지 않는 자들과 공평하지 않게 멍에를 같이 메지 말라 말씀합니다(고린도후서 6:14).]

4절에서 시작할 때 대언자는 그의 메시지에 대한 이유를 선언합니다. 결과들은 충분한 원인으로부터 생겨납니다. 나팔은 울려졌으며, 그 백성은 두려워하였을 것입니다. 왜냐하면, 하나님은 그들에게 막 해악을 가져오려고 하였기 때문이었습니다. "주께서 행하지 아니하셨는데 도시에 해악이 있겠느냐?"(아모스 3:6)는 그분의 도전입니다. 이 구절은 군대들의 주의 평판에 대한 질투하는 어떤 사람을 교란하게 시켰습니다. 하지만 물론 해악은 죄가 없는 재난입니다. 우리가 요엘의 첫 장에서 보았을 때 하나님은 징계라는 그분의 막대기를 사용합니다. 이 아모스 중에서 이스라엘의 도시들의 부주의한 거주민들을 경고하려고 한 것이었습니다.

그가 대언하는 선한 이유가 있습니다. 하나님은 그에게 그분의 비밀들을 계시하셨습니다. 그러므로 그는 담대하게 그들에게 선포해야 합니다. "주 하나님께서 말씀하셨는데 누가 대언하지 아니할 수 있느냐?"(아모스 3:4-8) 이것이 참으로 높은 근거입니다. 하지만 그것은 신의 진리를 섬기도록 시도하는 사람을 위한 유일한 적당한 근거입니다. 만약 하나님께서 말씀하지 않았다면 그때 한 사람의 추측이 다른 사람의 추측만큼 선합니다. 한 철학자의 추측들이 그의 동료들의 사람들만큼이나 신뢰할 가치 또는 고려할 가치가 있습니다. 하지만 하나님 자신이 말씀하였다면 그분은 그분의 말씀을 가지고 있기 때문에 즉시 그분을 두려워하는 사람을 위하여 모든 것을 해결합니다. 그분의 종은 선포하는데 아무것도 아니지만 계산된 것을 선포합니다. '소위 거짓된 과학의 반론들과 모든 헛된 상상들'을 거절합니다.

이것이 성경의 가치입니다. 이것에서 사탄은 현재 시간에 교묘히 우리를 빼앗아 가려고 찾을 것입니다. 하나님은 그분의 말씀에서 그분의 뜻을 계시하셨습니다. "주 하나님께서는 자신의 은밀한 일을 자신의 종 대언자들에게 계시하지 아니하시고는 아무것도 행하지 아니하시느니라."(아모스 3:7) 그러므로 믿음의 사람은 예언의 글들을 받아들이고 주 예수께서 나타나심의 최종 구애 때까지 그분의 봉인을 치셨습니다. '하나님의 거룩한 사람들은 거룩한 성령님에 의해서 감동을 받아 말했습니다.' 단지 이유가 어두운 것으로 넘어지는 곳, 여기서 믿음은 승리합니다. 미래를 자세히 들여다보는 것과 과거를 설명하는 것과 현재를 이해하는 것은 헛된 노력입니다.

성경의 영감에 대한 반대자들에 의해서 종종 주장되

3장 선택된 민족(이스라엘)의 징벌

어 왔습니다. 만약 우리가 여러 개의 책의 저자들이 오류가 없었다는 것을 믿도록 준비되지 않았다면 '성경이 철회될 수 없는' 주 예수의 엄숙한 면전에서 잘못되지 않은 성경을 말하는 것은 이상적이었습니다. 그러나 인간의 무오성의 질문은 전혀 들어오지 않습니다. 그분이 알려주신 것을 전할 때는 무오류가 아니라 단지 순종하는 한 필요를 말합니다. 그래서 그것은 대언의 노래에 대한 것이 아모스와 그의 동료 종들에게 있었습니다. 대필자의 의무는 그가 다른 사람의 받아쓰기를 기록하는 것에 관련지어 사건들의 정확한 지식을 가지지 않았습니다. 그는 말씀을 듣고 그에 따라 기록합니다.

따라서 우리는 '그들 안에 계신 그리스도의 영이 그리스도의 고난들과 그 뒤에 따라야 할 영광을 미리 증거할 때 무엇을 의미했는지, 또는 어떤 시기를 가리키고 있는지' 구약 기록자들을 이해할 수 있습니다. 그것은 여기서 어떤 어려움을 만들 수 있었던 단지 믿음 없음입니다.

[역자 주: "사자가 먹이가 없는데 숲속에서 울부짖겠느냐? 젊은 사자가 아무것도 잡지 못하였으면 자기 굴에서 소리를 지르겠느냐? 새를 잡는 덫이 없는 곳에서 새가 올무에 걸려 땅에 떨어질 수 있느냐? 사람이 아무것도 잡지 못하였는데 덫을 땅에서 집어 올리겠느냐? 도시에서 나팔이 울리는데 백성이 두려워하지 아니하겠느냐? 주께서 행하지 아니하셨는데 도시에 해악이 있겠느냐? 분명히 주 하나님께서는 자신의 은밀한 일을 자신의 종 대언자들에게 계시하지 아니하시고 아무것도 행하지 아니하시느니라. 사자가 울부짖는데 누가 두려워하지 아니하겠느냐? 주 하나님께서 말씀하셨는데 누가 대언하지 아니할 수 있느냐?"(아모스 3:4-8) 나팔은 모일 때 사용되며(느헤미야 4:20, 요엘 2:15) 전쟁의 경보일 때도 나팔 소리를 내립니다(예레미야 4:19, 에스겔 33:3). 도시에 해악은 적그리스도의 침략으로 해악이 발생되는 것입니다.]

대언의 메시지는 9절에서 15절까지에 주어집니다. 이스라엘의 흩어짐은 예언되었지만 남은 자가 구출받을 것이라는 것은 마찬가지로 알려졌습니다.

3장 선택된 민족(이스라엘)의 징벌

블레셋과 이집트의 궁궐에서 그것은 그들의 죄들 때문에 주 하나님께서 더 이상 그분의 백성들에게 보루가 되지 않으리라는 것이 공표될 것입니다. 한때 그분의 능력의 증인이었던 국가들은 현재 그분의 의로움을 증거하지 않을 것입니다. 그분의 백성이 그분과 걷지 않을 때 그분은 단지 그들에게 단지 징벌을 줄 수 있었습니다.

그러나 동쪽의 목자가 "사자의 입에서 두 다리나 귀 조각을 **빼내는** 것같이 사마리아에서 침상 모서리에 거하거나 다마스쿠스에서 잠자리에 거하는 이스라엘 자손도 그렇게 구출을 받으리라."(아모스 3:12) 만약 그가 짐승들 중 찢긴 증거를 가져올 수 없었다면 양 떼 중 하나를 잃은 목자가 같은 것에 책임이 있을 것이었습니다. 그러므로 한 귀의 단지 끝부분일지라도 창조물의 한 부분을 되찾는 것에 관한 그의 걱정은 이성을 **빼앗았습니다.** 그렇게 하나님께서 비록 매우 소수의 남은 자일지라도 이방 제국들의 야생 짐승들에 의해서 삼켜지는 것으로부터 이스라엘의 한 부분을 보존할 것입니다.

그들의 범죄들이 그들의 우상 숭배적인 행위들 때문에 그들에게 찾아오게 됩니다. 그것들 중 느밧의 아들 여로보암에 의해서 놓인 벧엘의 제단은 서 있는 기념물이었습니다. 그것의 몰락은 이스라엘의 타락한 상태의 부주의로 그들의 부에서 영광스러웠고, 사치를 드러냈던 사람들의 멸망을 수반할 것이었습니다. 이것이 더욱 충분히 6장 1절에서 6절까지 진행됩니다. 그것은 그곳에서 주목될 것입니다.

[역자 주: "아스돗의 궁궐들과 이집트 땅의 궁궐들에서 널리 알려 이르기를, 너희는 사마리아의 산들에 집결해서 그곳의 큰 소동과 그곳의 한가운데 있는 압제당하는 자들을 보라 하라. 자기 궁궐에 폭력과 강탈을 쌓는 자들은 바르게 행할 줄을 알지 못하느니라. 주가 말하노라. 그러므로 주 하나님이 이같이 말하노라. 그 땅의 사방에 한 대적이 있어 그가 네 힘을 네게서 빼앗아 쇠하게 하며 네 궁궐들을 노략하리라. 주가 이같이 말하노라. 목자

3장 선택된 민족(이스라엘)의 징벌

가 사자의 입에서 두 다리나 귀 조각을 빼내는 것같이 사마리아에서 침상 모서리에 거하거나 다마스쿠스에서 잠자리에 거하는 이스라엘 자손도 그렇게 구출을 받으리라. 너희는 이 말을 듣고 야곱의 집에서 증언하라. 주 하나님 곧 군대들의 하나님이 말하노라. 즉 내가 이스라엘의 범법들을 그에게 벌하는 날에 벧엘의 제단들도 벌하며 그 제단의 뿔들을 꺾어 땅바닥에 쓰러뜨리고 또 겨울 집과 여름 집을 치리니 상아 집들이 사라지고 큰 집들이 결딴나리라. 주가 말하노라."(아모스 3:9-15) 미래에 대환난 중반 시작 전에 이스라엘 땅에 사방으로 적그리스도의 이라크 군대들과 이방인 군대들이 침략할 때 팔레스타인(?)과 이집트는 원정을 와서 이스라엘을 도와줍니다(예레미야 31:1-3, 다니엘 11:40, 41). 그러나 이스라엘과 이집트는 패합니다(예레미야 31:3).]

4장
당신은 여전히 돌아오지 않는가!

이 장에서 그들은 자신이 그들에게 재 부르심에 관한 견해를 가진 하나님이 언급되는 곳에 다른 방법이 생각됩니다. 하지만 슬픈 결과가 경고나 처벌과 관계없이 죄의 그들의 길들을 추구했었던 것이었습니다. 그들은 주의 징벌을 경멸했었습니다. 그것은 아마도 1절에서 3절까지의 명시된 이스라엘의 대단한 여자들입니다. '바산의 암소'의 장소에서 여자 같은 형태는 사치스럽고 거만하고 자기 기쁨인 독창적인 사람으로서 사용된 이유로 인해 이러한 거만한 여인들은 가난한 자를 압제하고 궁핍한 자들을 짓밟으며 그들은 그들의 소유의 육신 적인 욕망들을 섬기었습니다. 슬픔으로 무관심하고 그들의 병에 익숙한 기쁨들은 다른 사람들을 수반합니다. 그들은 이스라엘의 거룩한 분이 보고 있다는 것을 잊으면서 축제하고 기뻐했습니다. 그분은 그들에게 그들의 죄들이 찾아오도록 그분의 거룩함으로 맹세했었습니다. 그들을 그들의 어리석음의 한가운데에서 제거할 것입니다. 천사가 그렇게 시험적으로 표시되는 미끼에서 숨는 위험을 상상하지 않는 탐욕한 물고기를 갈고리로 걸 것입니다.

[역자 주: "사마리아 산에 있는 바산의 암소들아, 너희는 이 말을 들으라. 너희가 가난한 자들을 압제하고 궁핍한 자들을 짓밟으며 그들의 주인들에게 이르기를, 술을 가져와 우리가 마시게 하라 하는도다. 주 하나님께서 자신의 거룩함을 두고 맹세하시되, 보라, 날들이 너희에게 오리니 그가 갈고리로 너희를 끌고 가며 낚싯바늘로 너희 후손들을 끌고 가리라. 너희가 무너진 곳들을 통해 나가되 모든 암소가 자기 앞의 무너진 곳을 통해 나갈 것이요, 너희가 그들을 궁궐 속으로 던지리라. 주가 말하노라 하셨느니라."(아모스 4:1-3) 2절에서 "날들이 너희에게 오리니."는 전쟁으로 유대인들이 흩어지고 포로로 사로잡혀 갈고리로 끌고 가듯 후손들을

성경 마스터 주석서-아모스

끌고 간다는 말씀으로 보입니다. 3절에서 "너희가 무너진 곳들을 통해 나가되" 폐허가 된 곳을 통해 나간다는 말씀입니다.]

4절과 5절은 다양하게 이해되어 왔습니다. 그곳 안에서 보는 어떤 사람은 진지하게 백성의 양심에 부여된 회개를 요청합니다. 이 경우에서 그들은 레위기 7:13에서 진술된 하나님의 말씀에 따라 '감사의 희생물을 누룩과 함께' 고려합니다. 그곳에서 누룩 있는 빵은 그의 소유의 개인적인 무가치함의 드리는 자의 지식으로서 감사의 희생물을 동반했습니다.

하지만 감사의 제물은 사람이 하나님 앞에서 올바른 상태에 있었을 때 장소에서 만이었습니다. 그들이 속죄제물을 필요하였을 때 거기에 감사의 제물을 가져오기 위해 벧엘의 도식적 제단을 그들에게 부르는 것은 확실히 하나님의 마음에 반대될 것입니다.

그러므로 저는 이 구절이 바알의 제사장들을 조롱하는 엘리야의 방식을 따라 엄숙한 모순 중 하나가 되는 것으로

4장 당신은 여전히 돌아오지 않는가!

이해합니다. 사실상 그것은 대언자가 말되었을지라도 "감사의 희생물을 누룩과 함께 드리며 오 너희 이스라엘 자손들아, 너희가 이것을 좋아하느니라." 거기에 죽임을 당한 희생자 또는 첫 열매들의 나타냄을 동반한 누룩에 관한 생각은 없습니다. 하지만 누룩은 그들이 모순적으로 가져오도록 부름받은 헌물입니다. 전체적인 구절은 비참한 이스라엘의 낮은 상태에 슬픈 주석입니다. 여전히 그들은 그들 자신이 그들의 화려함과 의식에서 교만하면서 그들의 경배의 전체적인 시스템은 단지 죄악과 범죄이었습니다.

죄악에 빠진 기독교의 가식적인 모습을 내려다보시는 분은 그것을 더욱 혐오스럽게 간주하지 않으시겠습니까? 양심이 활동하는 곳에서는 그렇게 인격을 비방하는 죄악에서 벗어나게 될 것입니다. 벧엘이나 길갈에서 드려진 희생물을 받는 하나님의 마음에 관한 생각은 없었다는 것은 아모스 5장 5절에서 명백합니다. 배교의 이 중심을 둘러싼 모든 것은 예루살렘에서 그분의 이름을 세웠던 그분에게 혐오스러웠습니다. 안타깝게도 그곳에 서도 그 이름이 더럽혀졌습니다.

[역자 주: "벧엘로 가서 범법하고 길갈에서 범법을 크게 더하며 아침마다 너희 희생물을, 삼 년 뒤에 너희 십일조를 가져오고 감사의 희생물을 누룩과 함께 드리며 포고하고 공포하여 자원하는 헌물을 드리게 하라. 오 너희 이스라엘 자손들아, 너희가 이것을 좋아하느니라. 주 하나님이 말하노라. 내가 또한 너희의 모든 도시에서 너희 이를 깨끗하게 하였고 너희의 모든 처소에서 빵이 부족하게 하였으나 그럼에도 너희가 내게 돌아오지 아니하였느니라. 주가 말하노라."(아모스 4:4-6) 역사적으로 느밧의 아들 여로보암이 북 왕국 10지파를 소유하고 백성이 예루살렘에 있는 주의 집에서 희생물을 드리려고 올라가면 백성의 마음이 유다 왕 르호보암에게 돌아서게 될까 하여 두 개의 금송아지를 만들고, 하나는 벧엘에 두고 다른 하나는 단에 두었습니다. 여로보암이 팔월 십오 일에 명절을 정하고 벧엘에 만든 제단 위에 헌물을 드렸고, 벧엘에서도 금송아지에게 희생물을 드렸습니다(열왕기상 12:25-33). 요시야 왕

은 주의 집에서 발견된 모세의 모든 율법의 말씀들을 마음을 다하고 혼을 다하고 힘을 다하여 이행하려 했던 왕이었습니다(열왕기하 23:24, 25). 요시야 왕이 벧엘에 있는 제단과 이스라엘을 죄짓게 한 느밧의 아들 여로보암이 전에 만든 산당, 곧 그 제단과 산당을 그가 헐고 그 산당을 불태운 뒤 작게 가루로 만들어 제거하였습니다(열왕기하 23:15). 성경에서 희생물의 피를 누룩과 함께 드리지 말라고 말씀하며(출애굽기 34:25), 감사를 표하기 위해 희생물을 드리려거든 누룩을 넣지 않고 기름을 섞어 만든 납작한 빵들과 누룩을 넣지 않고 기름을 발라 만든 얇은 과자들과 고운 밀가루에 기름을 섞어 튀긴 납작한 빵들을 감사 희생물과 함께 그 납작한 빵들 외에도 누룩 있는 빵을 화평 헌물의 감사 희생물과 함께 자기 헌물을 드리라고 말씀합니다(레위기 7:12, 13). 미래에 재림 때 이스라엘의 유대인들은 "다시는 자기 우상들과 자기의 역겨운 것들과 자기 범법들 중 어떤 것으로도 자신을 더럽히지 아니하리라. 오히려 내가 그들의 모든 거처 곧 그들이 죄를 짓던 곳에서 그들을 구원하여 그들을 정결하게 하리니 이로써 그들은 내 백성이 되고 나는 그들의 하나님이 되리라."(에스겔 37:23) 말씀이 성취되며 "모든 불법에서 정결하게 하는 날에 또한 너희를 도시들에 거하게 하리니 피폐한 곳들이 건축되리라."(에스겔 36:33)의 말씀도 성취될 것입니다.]

우리가 고려된 것 때문에 그분은 그들에게 탄식의 기근을 보냈었습니다. "내가 또한 너희의 모든 도시에서 너희 이를 깨끗하게 하였고 너희의 모든 처소에서 빵이 부족하게 하였으나 그럼에도 너희가 내게 돌아오지 아니하였느니라. 주가 말하노라."(아모스 4:6)

[역자 주: 아모스 4장 6절의 말씀처럼 우상을 숭배하게 되면 빵 지팡이를 부러뜨리며 기근을 줍니다(에스겔 14장).]

그분이 보류하였던바, 그리고 질문과 실행으로 인도하는 것에 관한 그러한 방식에서 한 도시에 비를 주고 다른 도시에서 비를 멈추면서 양심은 모두 작용하게 하였습니다. 다시 엄숙한 중단이 오지만 "그럼에도 너희가 내게 돌아오지 아니하였느라. 주가 말하노라."(아모스 4:7, 8)

[역자 주: "또한 내가 수확 때까지 아직 석 달이 남아 있는 시

점에 너희에게 비를 멈추게 하여 한 도시에는 비가 내리게 하고 다른 도시에는 내리지 아니하게 하였으므로 한 부분에는 비가 내리고 비가 내리지 아니한 부분은 마르매 이에 두세 도시가 물을 마시려고 떠돌아다니다가 한 도시에 다다랐어도 만족히 마시지 못하였으나 그럼에도 너희가 내게 돌아오지 아니하였느니라. 주가 말하노라."(아모스 4:7, 8), "그 땅이 심히 범법하여 내게 죄를 지으면 내가 내 손을 그 위로 내밀고 그곳의 빵 지팡이를 부러뜨리며 기근을 그 위에 보내어 사람과 짐승을 그곳에서 끊으리라."(에스겔 14:13) 이 말씀에서 알 수 있듯이 심히 범법하면 기근을 초래합니다. 그러면 비가 없어 물을 마시려고 떠돌아다닐 수가 있는 것입니다.]

폭풍과 곰팡이로 그분이 그들을 치셨습니다. 그렇게 열매가 되기 전에 그들의 흉작이 폐허가 되었습니다. 과수원과 포도원과 동산이 잘 자라는 것 같으면 털벌레(가장 탐욕스러운 형태의 곤충)를 보내어 그들을 멸망시켰습니다. 그러나 깨어 있지 않았고 양심은 무뎌져 있었습니다. "그럼에도 너희가

성경 마스터 주석서-아모스

내게 돌아오지 아니하였느니라. 주가 말하노라."(아모스 4:9)

[역자 주: "내가 마름병과 곰팡이로 너희를 치고 너희 동산과 포도원과 무화과나무와 올리브나무가 불어날 때에 털벌레가 그것들을 삼키게 하였으나 그럼에도 너희가 내게 돌아오지 아니하였느니라. 주가 말하노라."(아모스 4:9) 미래에 대환난 중반 시작 전에도 역병이 있고(에스겔 5:12, 6:11, 12), 대환난 끝부분에도 역병이 있습니다(에스겔 38:22). 요나서에 보면 하나님이 벌레 한 마리를 예비하여 박을 쳐서 시들게 합니다(요나 4:7). 요나가 박이 그의 머리에 그늘이 되어 심히 기뻐하였으나 벌레 한 마리가 박을 쳐서 시들게 하니 분노하는 것을 볼 수 있습니다(요나 4:9). 요나가 박이 없어지므로 해가 머리에 내리쬘 때의 분노는 바다의 고래에 삼키어 땅 아래 지옥에 갔다(요나 2:2, 6) 온 상태입니다. 요나 2장 6절을 보면 "내가 산들의 밑바닥까지 내려갔으며 땅이 자기 빗장들과 함께 영원히 내 곁에 있었으나."(요나 2:6) 땅 아래는(요한계시록 5:3, 13) 빗장들이 있습니다. 성경은 '지옥과 사망의 열쇠들'(요한계시록 1:18)이 있다고 말씀합니다. 요나는 사람으로서 지옥에 갔다

4장 당신은 여전히 돌아오지 않는가!

나왔던 유일한 인물입니다. 신적인 존재를 제외하면 사람으로서 지옥에서 나오지 못합니다. 천사들은 사람이 죽으면 구원받지 않은 혼을 땅 아래 지옥으로 데려갑니다(누가복음 16:22 참고).]

'이집트에 행한 방식대로' 그들에게 역시 역병을 보냈었습니다. 그들의 말들과 함께 그들의 젊은이들의 부패한 시체는 전투에서 죽었습니다. 그렇게 공기를 오염시키면서 그들은 병 가운데 호흡하고 죽었습니다. 그러나 아무도 그들을 괴롭히는 분을 분간하지 못해 그렇게 그들은 그분에게 돌아오지 않았습니다(아모스 4:10).

[역자 주: "내가 이집트에 행한 방식대로 너희 가운데 역병을 보내며 칼로 너희의 젊은이들을 죽이고 너희의 말들을 빼앗아 가며 너희 진영의 고약한 냄새가 너희 콧구멍까지 올라오게 하였으나 그럼에도 너희가 내게 돌아오지 아니하였느니라. 주가 말하노라."(아모스 4:10) 출애굽기 9장 3절을 보면 유대인들이 이집트에서 400년간 노예 생활을 하고 그곳에서 모세를 통해 출애굽 하고자 할 때 다섯째 재앙이 전염병이었습니다(출애굽기 9:3). 미래에 대환난 중반 시

성경 마스터 주석서−아모스

작 전에도 이스라엘 땅에도 역병과 전쟁이 있을 것입니다(에스겔 5:12, 6:11, 12, 7:15). 이 역병은 사망에 이르는 질병입니다. 성경에서 칼은 실제 칼이 있으며 전쟁 무기들로(이사야 21:15) 나타내기도 합니다. "칼로 너희의 젊은이들을 죽이고 너희의 말들을 빼앗아 가며"라는 말씀은 전쟁 무기들로 유대인들 젊은이들이 죽고 말들이 죽는다는 말씀입니다. "너희 진영의 고약한 냄새가 너희 콧구멍까지 올라오게 하였으나."라는 말씀은 유대인의 사체들을 도벳에 묻을 자리가 없을 때까지 묻을 것이기 때문입니다(예레미야 7:32).]

큰 화재를 동반한 아마도 지진인 큰 물리적 재앙은 그들의 화들을 더했었습니다. 그분은 소돔과 고모라의 멸망을 따라 그들 중 얼마를 거꾸러뜨렸습니다. 그렇게 생존자들은 불타는 데서 빼낸 나무 조각같이 되었습니다. 그럼에도 그들은 여전히 그분에게 돌아가지 않았습니다(아모스 4:11).

[역자 주: "하나님이 소돔과 고모라를 엎어 멸한 것같이 내가 너희 가운데 얼마를 거꾸러뜨렸으므로 너희가 불타는 데서 빼낸 나무 조각같이 되었으나 그럼에도 너희가 내게 돌아오지 아니하

4장 당신은 여전히 돌아오지 않는가!

였느니라. 주가 말하노라(아모스 4:11). 창세기 19장을 보면 소돔과 고모라 땅에 죄악이 심하고 동성연애도 있어(창세기 19:5) 그 도시들을 유황과 불을 비같이 쏟아 멸망시킵니다(창세기 19:24). 미래에 대환난 때 이스라엘 땅 예루살렘은 영적으로 소돔과 이집트라 불립니다(요한계시록 11:8). 미래에 대환난 때 소돔과 고모라를 멸망시키듯 유대인들 얼마를 죽인다고 말씀합니다.]

그들에게 닥쳤던 모두에게 그분의 손을 분간하는 것에 대한 실패함으로 그들은 단지 막대기를 피하는 것을 찾았습니다. 그것을 지적하였던 그분을 여전히 아무도 듣지 않았습니다. 그러한 사람은 일찍이 신의 은혜를 받지 못한 사람의 길입니다. 하나님의 친교에 대한 가장 명백한 증거들에 자신의 눈을 감고, 그는 구덩이가 그에게 닫힐 때까지 그는 자신의 부주의한 길을 추구합니다.

그들의 완전한 무관심 때문에 남은 것은 단 한 가지, 그들이 경멸했던 경고들과 징계의 행위들을 심판에서 그분을 만나야 합니다. "그러므로, 오 이스라엘아, 내가 네게 이같이 행하리라. 오 이스라엘아, 내가 이것을 네게 행하리니 네 하나님 만나기를 예비하라."(아모스 4:12)

[역자 주: 아모스 4장 12절의 말씀은 유대인들이 지상 재림을 기다리라는 말씀입니다. 대환난 때 지파들은 지상 재림을 기다리며 "주의 종들 곧 주의 상속 유업인 그 지파들을 위해 돌아오소서."(이사야 63:17)라는 말씀입니다.]

그들이 그분을 알지 못하였을지라도 여전히 산들을 짓고 바람을 창조하며 자신의 비밀스러운 생각들을 사람에게 선포하고 아침을 어둡게 하고 땅의 높은 곳들을 밟는 분, 군대들의 여호와이었습니다.

[역자 주: "보라, 그는 산들을 짓고 바람을 창조하며 자신의 생각이 무엇인지 사람에게 밝히 알리고 아침을 어둡게 하며 땅의 높은 곳들을 밟나니 주 군대들의 하나님이 그의 이름이니라."(아모스 4:13) "아침을 어둡게 하며 땅의 높은 곳들을 밟나니."라는 재림의 상황을 말씀하고 있습니다. 지상 재림은 아침에 이루어지며(요엘 2:2, 말라기 4:2) 해와 달이 어둡습니다(요엘 2:10, 요

4장 당신은 여전히 돌아오지 않는가!

엘 2:31, 3:15, 마태복음 24:29). 또한, 재림 시 "땅의 높은 곳들을 밟"을 것입니다. 올리브 산(사도행전 1:9-11, 스가랴 14:4), 시온 산(아모스 1:2), 갈멜 산(아모스 1:2), 시내 산(사사기 5:5, 시편 68:8), 세일 산(사사기 5:4), 데만 산(하박국 3:3), 바란 산(하박국 3:3)을 밟을 것입니다. 하박국 주석서 참조.]

그들은 그분을 만나야 하지만 어떻게? 독자 여러분, 아직 구원받지 못했다면 여러분 앞에 이것이 있습니다. 그분의 진노의 큰 날에 여러분이 어떻게 서게 될지 잘 생각하십시오!

믿는 자가 부주의하게 걷는 사람에게도 이 말씀은 역시 적용될 수 있습니다. 그는 자신의 길을 택하여 주의 징계를 멸시하고 그분의 책망 음성을 듣지 않을 수 있습니다. 그러나 그렇게 오래 지속할 수는 없습니다. 곧 하나님을 만나고 모두가 엄숙히 그분의 면전에 서게 될 것입니다. 오, 그때 모든 마음의 비밀들을 알고 있는 그분에게 짧은 회계 보고를 해야 합니다!

5장
이스라엘을 위한 애가

대언자가 그토록 사랑했던 타락한 민족에 대한 대언자 애가의 애도가와 같은 조치는 슬프고 엄숙합니다. 그들은 하나님에 대한 충성과 신실함이 완전히 무너진 백성이었고, 그 책임의 근거로 어떤 축복도 주장할 수 없었습니다. 하나님께서 그들을 모두 받아주신다면 그것은 순전한 은혜임이 틀림이 없습니다. 그렇지 않다면 무가치하지만, 심판이 그들의 몫이 될 수 있습니다. 교회에 맡겨진 약속을 제외하고는 하나님께서 사람에게 위탁한 모든 것이 실패했습니다. 그러나 하나님은 자신에게 무한의 자원들이 있습니다. 단지 그분의 은혜 목적들에 대한 실패에 대해서 보여졌습니다. 이것이 불행한 부분들에 대해서 신호하고 울며 이 마지막 날들에 하나님의 영광과 그리스도에 관한 약속을 위한 것이 깨짐을 말하는 모두의 영들을 들어 올리고 기뻐하는 것일지 모릅니다. 여전히 낙담과 어둠이 혼을 압도할 필요는 없습니다. 하나님은 그분의 백성에게 여전히 간청될 수 있습니다. 깨어짐과 명백한 회개가 있다면 그분은 우리가 묻고 생각하는 모든 것 이상으로 풍부히 초과적인 것을 할 수 있습니다.

이스라엘의 처녀는 그렇게 낮게 타락하여 결코 다시 일어날 수 없었습니다. 즉, 이스라엘 처녀 자신의 의지가 관계된 한 아무도 이스라엘의 처녀를 일으킬 수 있는 리더들이 없었습니다. 하지만 하나님은 "너희는 나를 찾으라. 그러면 너희가 살리라."(아모스 5:4)를 유의할 어떤 사람의 귀에 부르짖으면서 여전히 간청하였습니다. 아무도 구출할 수 없지만 그들이 탄식답게 떨어져 있는 자들로부터 그분은 구출할 수 있습니다. 벧엘, 길갈, 브엘세바를 찾고, 그곳은 우상적인 자기 뜻을 말하는 높은 장소가 세워졌고, 아이러니하게도 아모스 4장 4절에서 선언된 것처럼 모두에게 헛될 것입니다. 집회의 어떤 거룩함이 이름 지어진 각각의 장소들과 연결되어진 사실이 그들의 진행을 사로잡힘을 막지 못할 것입니다. 벧엘은 더 이상 하나님의 집이 아니었고, 길갈은 현재 굴러떨어지는 책망을 말하지 못했습니다. 오히려 벧엘은 마귀들의 거처가 되었고, 길갈은 스스로 책망이 되었습니다(아모스 5:1-5).

[역자 주: "오 이스라엘 집아, 너희는 내가 너희를 대적하여 지은 이 말 곧 애가를 들으라. 처녀 이스라엘이 쓰러졌으니 다시는 일어나지 못하리라. 그녀가 자기 땅에 버려졌으며 그녀를 일으킬 자가 없도다. 주 하나님이 이같이 말하노라. 천명이 나간 도시가 이스라엘 집을 위해 백 명만 남기고 백 명이 나간 도시가 열 명만 남기리라. 주가 이스라엘 집에게 이같이 말하노라. 너희는 나를 찾으라. 그러면 너희가 살리라. 그러나 벧엘을 찾지 말고 길갈로 들어가지 말며 브엘세바로 나아가지 말라. 길갈은 반드시 포로로 잡혀가고 벧엘은 없어지리라."(아모스 5:1-5) 예레미야 애가

5장 이스라엘을 위한 애가

에서 보면 "젊은이와 늙은이가 거리에서 땅바닥에 누워 있고 나의 처녀들과 나의 청년들이 칼에 쓰러졌으니 주께서 친히 분노하시는 날에 그들을 죽이셨으며 죽이시고 불쌍히 여기지 아니하셨나이다"(예레미야 애가 2:21). 이 전쟁의 날은 유대인들에게 공포(예레미야 2:22, 에스겔 21:12)가 있습니다. 예루살렘의 도시에 10분의 일이 남는데 그들은 흩어졌다가 돌아와서 10분의 일이 됩니다. 이사야 6장 13절을 보면 "그러나 그 땅 안에 여전히 십 분의 일이 있을 것이요, 그것이 돌아와서 먹을 것이 되리라…." 대환난 중반 지나 1년 6개월(예레미야 51:46)이 되면 이라크 바빌론 땅에 있던 사람들이 이스라엘 땅 본국으로 돌아오기도 합니다(예레미야 51:45, 50). 재림 후에는 땅끝까지 있던 유대인들이 돌아오며(이사야 60:4) 천년왕국 시작(이사야 60:9, 66:20) 때까지 돌아옵니다. "벧엘을 찾지 말고 길갈로 들어가지 말며 브엘세바로 나아가지 말라. 길갈은 반드시 포로로 잡혀가고 벧엘은 없어지리라." 여로보암이 금송아지 두 개를 만들어서 벧엘에 하나를 두었던 산당들과 제단들을 찾지 말고 그 산당들과 제단들은 없어진다고 말씀합니다(에스겔 6:3-6, 13). 길갈은 이집트에서 노예로 있다가 출애굽 하여 이스라엘 자손이 광야 40년의 기간을 거쳐 요르단의 물을 건너가게 하시고 처음으로 진을 쳤던 곳이 길갈이었습니다(여호수아 5:10). 그 길갈은 적그리스도가 침략하는 통로가 되어 보입니다. 적그리스도가 요르단의 랍바스에서 점을 치고 예루살렘을 향해 들어오는 길이(에스겔 21:19-23) 길갈이 될 수 있어 그곳에 있는 유대인들은 포로로 잡혀갈 것을 말씀하고 있습니다.]

사도직의 꿈이 된 상속은 아무것도 없습니다. 주의 테이블의 연속성 및 모임의 원래의 근거에 관한 어떤 지역들에서 우선권을 가진 현대의 개념은 없습니다. 한 번 분명히 하나님의 것이었던 것이 쉽게 부패되는 곳은 교만과 자기 뜻이 일에 있고, 축복의 모든 이전 협의들과 과거에서 하나님의 명백한 지식에도 불구하고 주의 충만함에서 거절되며 돌아설 수 있습니다.

성경은 인간의 규칙들이나 권위의 가설이 아닌 것으로 일찍이 안내되어 왔을 것입니다. 시작에서부터 있었던

5장 이스라엘을 위한 애가

그것이 원래의 근거이고 유일한 그것입니다.

그렇게 이스라엘은 주를 찾도록 노력되었습니다. "그가 요셉의 집에서 불같이 일어나 그 집을 삼키리니 벧엘에서 그 불을 끌 자가 없으리라."(아모스 5:6). 아아, 그 경고가 무시되었습니다. 그렇게 몇 년 안에 위협적인 심판이 실행되었습니다. 요셉의 집은 그들의 땅에서 흩어졌습니다. 결코 다가오는 영광의 날까지 모이지 못할 것입니다.

[역자 주: "주를 찾으라. 그러면 너희가 살 것이요, 그러지 않으면 그가 요셉의 집에서 불같이 일어나 그 집을 삼키리니 벧엘에서 그 불을 끌 자가 없으리라."(아모스 5:6) 요셉은 고난과 고통을 받았던 인물입니다. 그를 유대인들에 비유하여 요셉의 집을 말씀하는 것입니다. "벧엘에서 그 불을 끌 자가 없으리라."라는 말씀은 전쟁의 불이 벧엘에 붙어 끌 자가 없다는 말씀으로 보입니다.]

드고아의 목동은 7절에서 9절까지 영감 받은 시가의 매우 높은 비행으로 솟아오릅니다. 그가 밤에 산비탈에서 그의 양 떼를 지켜볼 때 그들의 진로들에서 별들은

성경 마스터 주석서-아모스

의심 없이 종종 그의 응시이었습니다. 욥기의 책은 역시 명백히 연구되었습니다. 왜냐하면, 8절은 욥기 9:9, 38:31과 밀접하게 연결됩니다.

"판단의 공의를 쑥으로 바꾸며 땅에서 의를 버리는 자들아, 너희는 일곱 별과 오리온을 만들고 사망의 그늘을 아침으로 바꾸며 낮을 밤으로 어둡게 만들고 바닷물을 불러 지면에 쏟는 자를 찾으라. 주가 그의 이름이니라. 그가 강한 자를 대적하려고 노략당한 자를 강하게 하나니 이로써 그 노략당한 자가 요새를 대적하러 가리라."(아모스 5:7, 8, 9)라고 그가 외칩니다.

일곱 별과 오리온은 확실히 확인될 수 없습니다. 그들은 더욱 중요한 별자리 중의 어떤 것을 언급한다는 것은 분명합니다. 단어들이 있는 욥기에서 두 곳 둘 다 이 구절에서 그들은 일반적으로 일곱 별, 즉 플레이아데스와 오리온으로 번역되었습니다. 히브리인들은 일반적으로 그것들을 이 밝은 별 그룹으로 언급하도록 이해했습니

5장 이스라엘을 위한 애가

다. 그것은 그들의 창조자의 위엄과 영광을 보여줍니다. 대언자는 천체를 인도하는 그분을 숙고하도록 사악함의 일꾼들을 부릅니다. 그분은 그들에게 존재함을 가져왔습니다. 그분은 어둠을 쫓아내면서 태양이 그분의 영광에서 떠오르도록 합니다. 이같이 그분의 손은 다시 밤을 가져오는 행성의 움직임들을 제어합니다. 그분은 마른 땅에 비를 내립니다. 사람은 그들이 바라든 바라지 않든 그분과 함께 행하여야 합니다. 그분의 눈은 그분의 이름에 의해서 불리는 사람의 모든 거룩하지 않은 길들을 보았습니다.

[역자 주: "판단의 공의를 쑥으로 바꾸며 땅에서 의를 버리는 자들아, 너희는 일곱 별과 오리온을 만들고 사망의 그늘을 아침으로 바꾸며 낮을 밤으로 어둡게 만들고 바닷물을 불러 지면에 쏟는 자를 찾으라. 주가 그의 이름이니라. 그가 강한 자를 대적하려고 노략당한 자를 강하게 하나니 이로써 그 노략당한 자가 요새를 대적하러 가리라."(아모스 5:7, 8, 9) 미래에 대환난 때 유

대인들에게서 판단의 공의와 의를 버린 자들이 대부분일 것입니다(이사야 5:7). 이 말씀에서 강한 자는 적그리스도라 볼 수 있습니다. 적그리스도의 군대들과 이방인 군대들에 의해서 이스라엘 집들은 노략을 당합니다(에스겔 7:20, 21). "노략당한 자가 요새를 대적하러 가리라."라는 말씀은 유대인들이 미래에 대환난 중반 지나 1년 6개월(예레미야 51:46)이 되기 전에 이방인 군대들과 이라크를 침략합니다(예레미야 50:2, 51:27-29).]

의도적으로 빛을 거부하는 그들은 성문에서 꾸짖는 자를 미워하며 올바르게 말하는 자를 혐오합니다(아모스 5:10). 많은 사람이 그들의 계승자입니다. 그것은 그들의 거룩하지 않은 길들을 신실하게 책망하는 어떤 사람을 대적하여 분노로 가득 찬 그들을 부주의하게 죄가 충만히 행하는 것을 발견하는 가장 공통적인 것입니다. 편안하고 사람을 기쁘게 하는 설교자들과 교사들은 기뻐합니다. 하지만 믿음이 있는 하나님을 두려워하는 사람은 혐오받고 경멸당합니다. 하나님을 위해 서 있는 자는 영

5장 이스라엘을 위한 애가

적이지 않고 세상적인 마음인 악한 말과 적대를 기대해야 합니다.

[역자 주: "그들은 성문에서 꾸짖는 자를 미워하며 올바르게 말하는 자를 혐오하는도다."(아모스 5:10) 잠언 13장 5절에서 "의로운 자는 거짓말을 미워하나 사악한 자는 역겨우며 수치에 이르느니라." 원래 상대방을 꾸짖는 자의 말을 받아들이면 지혜가 있고 올바르게 말하는 자에게 박수를 쳐주어야 하는데 이들은 사악하기에 올바르게 말하는 자를 혐오하는 것입니다. 성경은 "… 사악한 자를 꾸짖는 자는 자기가 흠을 잡히느니라."(잠언 9:7)라 말씀합니다.]

그가 성문에서 꾸짖는 것에 대해서 미워하는 것을 알때 아모스는 그럼에도 불구하고 변명이나 주저 없이 그의 엄숙한 메시지를 선포합니다. 그는 죄악의 국가에 다가오는 심판을 막 이끄는 죄들을 가난한 자에게 그들의 양심을 압박합니다. 그들은 가난한 자를 짓밟고 그들 자신의 안위를 단지 생각하고 의인을 괴롭히고 뇌물을 받는 사람이고 성문인 심판의 장소에서 가난한 자들과 부당하게 거래하고 게다가 너무 위압적이고 무례해서 그들의 사악함을 드러내지 않는 것이 신중함의 일부인 것처럼 보이는 악한 시대였습니다(아모스 5:11-13).

[역자 주: "너희가 가난한 자를 짓밟고 그에게서 밀의 무거운 조세를 거두나니 그러므로 너희가 다듬은 돌로 집들을 건축하였으나 그 안에 거하지 못할 것이요, 너희 좋은 포도원들을 세웠으나 그것들의 포도즙을 마시지 못하리라. 너희의 많은 범법들과 너희의 큰 죄들을 내가 아노라. 그들이 의인을 괴롭히고 뇌물을 받으며 성문에서 가난한 자들을 외면하여 그들의 권리를 빼앗느니라. 그러므로 그런 때에는 분별 있는 자가 침묵을 지키리니 이는 그때가 악한 때이기 때문이라."(아모스 5:11-13) 미래에 대환난 때는 이방인들의 죄가 충만해지는(로마서 11:25) 악한 때입니다. 이 말씀은 유대인들의 범법들과 큰 죄들을 말하고 있습니다.]

하지만 하나님의 신실한 종은 아첨하는 말을 하지 않고 아무것도 감추지 않습니다. 그는 그들의 위선을 나타

5장 이스라엘을 위한 애가

내고, 그때 그들에게 살기 위해 그리고 군대들의 주가 그들과 함께하기 위해 선을 구하고 악을 구하지 말라고 촉구합니다. 만약 그 말이 감추어졌다면 하나님은 여전히 요셉의 남은 자들에게 은혜를 베풀 수 있을 것입니다 (아모스 5:14, 15).

　[역자 주: "너희가 살기 위해 선을 구하고 악을 구하지 말라. 그러면 주 군대들의 하나님이 너희가 말한 것과 같이 그렇게 너희와 함께하리라. 악을 미워하고 선을 사랑하며 성문에서 판단의 공의를 굳게 세우라. 그러면 혹시 주 군대들의 하나님이 요셉의 남은 자들에게 은혜를 베풀 수도 있으리라."(아모스 5:14, 15) 미래에 대환난 전반기에 유대인들이 불법들을 행하며 악을 행할 것입니다. 성경은 "사악한 자는 스스로 자기 불법들에 걸리며 죄들의 줄에 매이리니."(잠언 5:22)라고 말씀합니다. 또한 "부지런히 선을 구하는 자는 호의를 얻으려니와 해악을 구하는 자에게는 해악이 임하리라."(잠언 11:27)라 말씀합니다. 요셉의 남은 자들은 유대들의 삼 분의 일이 남을 것입니다(스가랴 13:8).]

아모스와 같은 사람은 결코 대중에게 인기 있지 않습니다. 하지만 많은 사람 중 한 사람의 지지를 받는 것이 훨씬 더 낫습니다. 바울처럼 마음을 시험하는 하나님 외 사람을 기쁘게 하려 않는다고 말했습니다. 그러나 그 어떤 난간도, 상처를 주거나 욕설도 없이 회개에 대한 단순히 엄숙하고 그들의 죄악의 가장 열심인 발표 및 부드럽고 사랑스러운 부르심이 있을 뿐입니다.

이 부르심에 귀 기울이지 않는다면 그때 통탄이 그들의 공허한 노래들을 대신해야 합니다. 그것이 곧바로 이었던 것처럼 모든 기쁨이 어두워졌을 때 기쁨의 포도원에서 황폐함의 애가들이 들려졌습니다(아모스 5:16, 17).

[역자 주: "그러므로 주 군대들의 하나님 주께서 이같이 말씀하시느니라. 모든 거리에 통곡하는 일이 있고 그들이 모든 큰길에서 이르기를, 슬프도다! 슬프도다! 하며 농부를 불러 애곡하게 하고 애도하는 데 능한 자들을 불러 통곡하게 하리라. 또 모든 포도원에 통곡하는 일이 있으리니 이는 내가 너를 휩쓸고 지나

5장 이스라엘을 위한 애가

갈 것이기 때문이라. 주가 말하노라."(아모스 5:16, 17) 미래에 대환난 중반 시작 전 예루살렘에 전쟁으로 인해서 유대인들이 애곡(예레미야 6:26, 에스겔 7:16)할 것이며 왕이 애곡할 것입니다(에스겔 7:27). 모든 포도원은 망가질 것입니다(이사야 5:5, 6).]

겸손한 사람이 어떻게 타락하는지는 주목할 만합니다. 그리고 여전히 어떻게 종교적이고 경건하게 그들이 말하는지를 주목할 만합니다. 이스라엘의 상태는 비참하게 사악하였을지라도 여전히 주의 날을 바라는 고백하는 사람들을 그들 사이에서 발견되었습니다. 거기에는 그들 자신의 완고함의 열매인 그들의 고난들로부터 구출되기를 소망하고 있습니다. 화가 그러한 곳에 선언됩니다. 주의 날에 그들을 위한 거기에 무슨 이득이 있는가요? 그것은 마치 사자로부터 도망친 사람과 같을 것입니다. 그리고 곰과 만난 사람과 같을 것입니다. 이 두 번째 위험을 피하는 것을 찾을 때 그는 그의 집에서 도망갑니다. 하지만 그가 벽에 기대어 그의 손을 기울일 때 어떤 구

성경 마스터 주석서-아모스

석이나 휘장 뒤에 숨어 있던 독사가 독 있는 송곳니로 그를 공격합니다. 심판으로부터 피할 수 없습니다. 주의 날은 나타남의 날이고 그러므로 사악한 자들에게 어둠의 날이고 빛이 없는 날입니다. "주의 날은 어둠이요 빛이 아니니."(아모스 5:18-20)

[역자 주: "주의 날을 사모하는 너희에게 화가 있을지어다! 그날이 너희에게 무슨 소용이 있느냐? 주의 날은 어둠이요 빛이 아니니 그것은 마치 사람이 사자를 피해 도망하다가 곰을 만나거나 혹은 집으로 들어가 손을 벽에 대었다가 뱀에게 물린 것과 같도다. 주의 날은 어둠이 아니겠느냐? 그것은 빛이 아니니라. 심지어 너무 어두우므로 그날에는 밝음이 없지 아니하겠느냐?"(아모스 5:18-20) "주의 날은 어둠이요 빛이 아니니."라는 재림의 날씨입니다. 재림 시 날씨는 해가 어두워지고 달이 자기 빛을 내지 않는 날씨입니다(마태복음 24:29). 어둡고 캄캄한 날(요엘 2:2, 10, 31, 3:15) 아침에(요엘 2:2, 말라기 4:2) 태양이 떠오르듯(말라기 4:2) 하늘에서 강한 백성이 내려옵니다(요엘 2:2, 요한계시록 19:11-16).]

5장 이스라엘을 위한 애가

주의 날을 위한 가식적인 소망과 조화에서 침묵은 명절과 엄숙한 모임들의 비현실성입니다. 겉으로는 두 번째 여로보암의 통치에서 여호와를 경외하기 위한 어떤 구실이 있었던 것처럼 보입니다. 하지만 실제로 그분은 술에 빠진 거룩하지 않은 관행들에 의해서 불명예를 당하셨습니다. 그러므로 그분은 명절의 날들을 싫어했습니다. 그들의 헌물을 받지 않았습니다. 그분은 그 땅에서 강력한 시내처럼 역할을 하는 의를 찾았습니다. 외부의 형식 및 의식을 찾지 않았습니다(아모스 5:21-24).

[역자 주: "내가 너희의 명절날들을 미워하고 멸시하며 너희의 엄숙한 집회들에서 냄새를 맡지 아니하리라. 비록 너희가 내게 번제 헌물과 너희의 음식 헌물을 드릴지라도 내가 그것들을 받지 아니하고 너희의 살진 짐승들로 드리는 화평 헌물도 중히 여기지 아니하리라. 너는 네 노랫소리를 내 앞에서 없애라. 내가 네 현악기의 곡조를 듣지 아니하리라. 오직 판단의 공의를 물같이, 의를 강력한 시내같이 흐르게 할지어다."(아모스 5:21-24) 유대인

성경 마스터 주석서-아모스

들의 3대 명절은 무교절과 칠칠절과 장막절입니다(신명기 16:16). 하나님은 번제 헌물, 음식 헌물, 화평 헌물도 중히 여기지 아니하고 노랫소리와 현악기의 곡조를 듣지 않겠다고 말씀합니다. 27절에서 '그러므로'라는 단어가 나오면서 유대인들이 포로로 잡혀가는 것을 말씀합니다. 따라서 이 구절은 대환난 중반 시작 전즉 전쟁이 발생하기 전의 말씀으로 보입니다.]

하지만 아아, 그들의 현재의 비실제적 과정은 그들의 시작부터 특징적이었습니다. 심지어 광야의 날들에 그들은 여호와의 성소 옆에 그들의 거짓 신들의 장막을 설립해 두었습니다. 그리고 이 기념할 수 있는 40년을 통하여 그들에게 희생물과 헌물을 제공했습니다. "그러므로 내가 너희를 다마스쿠스 너머로 포로로 잡혀가게 하리라. 이름이 군대들의 하나님인 주가 말하노라."(아모스 5:27) 이것은 심히 중요하고 우리의 가장 진지한 고려할 가치가 있습니다. 여기서 주는 선언하시기를 아시리아의 포로 잡힘은 광야에서 그들의 죄 많은 우상 숭배의 결

5장 이스라엘을 위한 애가

과이었습니다. 그 첫 번째 배교 이후 700여 년이 지났지만 실제로 심판을 받은 적이 없었기 때문에 그들은 반드시 심판을 받아야 합니다! 이 구절은 심판받지 않은 악이 누룩처럼 항상 일하고 있고 전체 덩어리를 누룩으로 만든다는 사실을 직면하기를 거부하는 사람들을 어떻게 책망하는가입니다. 다시 우리는 호세아 7:4-7의 연구에서 자세히 기록하여 강조한 같은 교훈을 가집니다. 오, 성경에서 그렇게 빈번히 밀고 나아가는 진리에 복종하는 마음으로 하고 이같이 심판받지 않은 악의 더러움으로부터 지켜지기를 바랍니다.

[역자 주: "오 이스라엘 집아, 너희가 광야에서 사십 년 동안 희생물과 헌물을 내게 드린 적이 있었느냐? 오히려 너희가 너희의 몰록의 장막과 너희의 형상들 기윤 곧 너희가 너희를 위해 만든 너희 신의 별을 가지고 다녔나니 그러므로 내가 너희를 다마스쿠스 너머로 포로로 잡혀가게 하리라. 이름이 군대들의 하나님인 주가 말하노라."(아모스 5:25-27) 미래에 대환난 중반 시작

전에 이스라엘 땅에 전쟁으로 도피하는 유대인들이 시리아로 갈 것입니다. 남쪽 이집트와 동쪽 지역과 땅끝까지 흩어지게 될 것입니다. 시리아의 아로엘 도시들은 유대인들이 있는 곳이 될 것입니다. 이사야 17장 2절에서 "아로엘의 도시들은 버림을 받았도다. 그 도시들이 양 떼를 치는 곳이 되어 양 떼가 누울지라도 아무도 그것들을 두렵게 하지 못하리라."(아모스 17:2) 에스겔 34장 6절을 보면 "내 양들이 모든 산을 지나며 모든 높은 언덕에서 떠돌아다녔고 참으로 내 양 떼가 온 지면에 흩어졌으나 아무도 그것들을 찾거나 찾으러 가지 아니하였도다."(에스겔 34:6) 미래에 대환난 중반 시작 전 적그리스도의 군대들과 이방 군대들의 침략 전쟁으로 예루살렘에서 도피하는 유대인들이 산들과 언덕들과 강들과 골짜기들로(에스겔 6:3, 36:6) 도피할 때 도피하는 유대인들을 양 떼로 나타나며 에스겔 34장 31절에서 "내 양 떼 곧 내 초장의 양 떼인 너희는 사람이요…."(에스겔 34:31)라고 말씀합니다. 양 떼인 유대인들이 아로엘의 도시에 거주하고 있으며 아무도 두렵게 하지 못할 것입니다(이사야 17:2).]

5장 이스라엘을 위한 애가

6장
시온에서 안락

주를 화나게 했던 요셉의 집이 혼자가 아니었습니다. 전에 기록된 것처럼 이스라엘은 단지 열 지파뿐만 아니라 전 민족까지 언급합니다. 그러므로 대언의 부분은 시온에서 편안함에 있는 사람들과 사마리아의 산에서 신뢰하는 사람들에게 자극적인 말을 포함합니다(아모스 6:1).

[역자 주: "시온에서 안락하게 거하는 자들과 사마리아의 산을 신뢰하는 자들 곧 민족들의 우두머리라 일컬음을 받으며 이스라엘 집이 의지하려고 찾아가는 자들에게 화가 있을지어다!"(아모스 6:1) 이 말씀은 대환난 전반기 상황으로 보입니다. 시온에서 안락하게 거하고 사마리아의 산을 신뢰하는 민족들의 우두머리가 있을 것인데 이스라엘 사람들이 민족들의 우두머리를 의지하려는 자들에게 화가 있다는 말씀으로 보입니다.]

남왕국 아래 북쪽 왕국을 위협하는 위험은 떨어져 있는 것처럼 보였습니다. 그들은 사실상 위로를 가졌고 사마리아는 그들이 기대했던 것처럼 적들이 가까이 끌어당길지를 준비하기 위해 많은 기회를 그들에게 주도록 충분히 오랫동안 포위 공격을 견딜 것입니다. 이후부터 그들은 그들의 안락을 취하고 그들이 회개하도록 부르는 하나님의 음성을 순종하는 것에 대하여 관계하지 않았습니다. 아무도 그들은 그들의 형제들의 슬픔에 대하여 그들의 혼을 괴롭히지 않았습니다.

시온에서 안락은 그 비활동적인 조건을 우리에게 잘 말해줍니다. 그렇게 많은 하나님을 고백하는 어린아이들이 현재 시대에 발견됩니다. 순간을 위하여 특별한 메시지를 유의하지 않으며 진리의 능력 안에서 행하는 것에 관한 중요성을 나타내지 않습니다. 하지만 하나님의 사람들은 그분의 눈에 중요한 그것에 무관심하다면 그들은 고난들과 괴롭힘이 일어날 때 그들을 위해 행하는 것을 그분에게 기대할 필요가 없습니다.

한번은 화려하고 웅장한 블레셋의 도시들은 파괴되어 있었습니다. 갈네, 하맛, 가드는 단지 과거의 영광을 엄숙하게 다시 생각나게 합니다. 현재는 파괴되었습니다. 이 왕국보다 이스라엘이 더 나은 것이 무엇입니까? 그들은 해악의 날을 멀리 두고 반면 그들의 경계 안에 폭력과 부패가 풍부하였습니다. 상아 침상에 눕고 잠자리에서 기지개를 켜며 그들은 양 떼와 짐승의 떼에서 선택하여 두려움 없이 축제하였습니다. 그들은 음악 도구들의 소리로 노래를 부르고 포도주를 마시고 으뜸가는 기름을 기뻐하였지만, 하나님은 "요셉의 고통에 대해서는 근심하지 아니하는도다."(아모스 6:6)라고 선언하면서 엄숙한 기소로 끝을 맺습니다.

[역자 주: "너희는 갈네로 건너가 보고 거기서 그 큰 도시 하맛으로 가며 그 뒤에 블레셋 사람들의 가드로 내려가라. 그곳들의 영역이 너희 영역보다 크냐? 너희가 해악의 날을 멀리 두고 폭력의 자

리를 가까이 오게 하는도다. 그들은 상아 침상에 눕고 자기 잠자리에서 기지개를 켜며 양 떼에서 어린양과 외양간 한가운데서 송아지를 꺼내어 먹고 현악기에 소리에 맞추어 노래를 부르며 다윗같이 자기들을 위해 악기를 창안하고 대접으로 포도주를 마시며 으뜸가는 기름을 자기 몸에 바르면서도 요셉의 고통에 대해서는 근심하지 아니하는도다."(아모스 6:2-6) "너희가 해악의 날을 멀리 두고"라는 말씀에서 해악의 날은 미래에 대환난 중반 시작 전 전쟁이니 그 날을 멀리 두었다는 것으로 보아 대환난 전반기 상황으로 보이며 "폭력의 자리를 가까이 오게 하는도다."라는 말씀으로 보아 사람들이 더욱 죄악이 많아지는 때를 말하는 것으로 보입니다. '그들은 상아 침상에 눕고'는 유대인들이 안락하게 거하는 상황을 말하는 것입니다. 아모스 3장 15절에서 "상아 집들이 사라지고 큰 집들이 결딴나리라."라는 말씀은 미래에 대환난 중반 시작 전 전쟁으로 인한 것입니다. 유대인들은 대환난 전반기에 상아 침상에 눕고 고기를 먹으면서 노래를 부르며 술을 마시면서도 요셉의 고통에 대해서는 근심하지 아니한다고 말씀합니다. 창세기에 등장하는 요셉

6장 시온에서 안락

처럼 유대인 중 고통을 받는 사람들이 있는 것으로 보입니다.]

이것은 오늘날 하나님의 모든 성도를 위한 음성은 아닐 것입니다. 우리가 우리 자신을 기쁘게 하려고 살아가며 우리 소유들을 기뻐하고 요셉의 고통을 잊는 중대한 위험에 있지는 않습니까? 모임의 불행한 상태를 잊으며 자기 뜻에 의해서 만들어진 고통에 대해서는 무관심합니다. 그렇게 교회의 영광된 머리이신 주를 혐오하지 않는가요? 확실히 그분에게 진실한 사랑은 그분의 시야에 그렇게 귀중한 그것의 현재 상태에 관한 혼의 활동 결과를 가져올 것입니다. 그러한 활동들은 성경을 찾고 그들의 빛에서 판단하는 것을 인도할 것입니다. 심지어 사람이 이같이 혼자 걷는다면 하나님의 사람들이 걸었던 옛 길들에서 개인적으로 걷는 것을 찾도록 합니다. 그러나 그렇다 하더라도 거기에는 '한 몸이요 한 영'이라는 진리로 어는 정도 들어가는 모든 사람을 특징짓는 모든 성도에 대한 그 사랑을 나타낼 필요가 있을 것입니다. 요셉의 불화 혹은 고통에 대하여 이 관심의 부족 때문에 주는 그들 대신 자신이 강하게 보여줄 수 없었을 뿐만 아니라 야곱의 뛰어남을 혐오할 것이고 이방인 압제자에게 심지어 다윗의 도시를 넘겨줄 것입니다(아모스 6:7, 8).

  [역자 주: "그러므로 이제 그들이 포로가 되어 잡혀가는 첫 번째 사람들과 함께 포로로 잡혀가리니 기지개를 켠 자들의 연회가 없어지리라. 주 군대들의 하나님께서 말씀하시느니라. 주 하나님이 자신을 두고 맹세하였노라. 내가 야곱의 뛰어남을 혐오하며 그의 궁궐들을 미워하므로 그 도시와 그 안의 모든 것을 넘겨주리라."(아모스 6:7, 8) '야곱의 뛰어남'은 제3 성전을 말하는 것입니다. 에스겔 24장 21절에서 "이스라엘 집에게 이르기를, 주 하나님께서 이같이 말씀하시느니라. 보라, 내가 내 성소 곧 너희 기력의 뛰어남이요, 너희 눈이 바라는 것이며 너희 혼이 딱하게 여기는 것을 더럽히리니 너희가 남겨 둔 너희 아들딸들이 칼에 쓰러지리라."(에스겔 24:21) '야곱의 뛰어남을 혐오하며'는 제3 성전에서 가증한 죄들을 짓기에 혐오하는 것이고 그리하여 전쟁으로

"그 도시와 그 안의 모든 것을 넘겨주리라." 말씀하는 것입니다.]

마침내 멸망이 오면 여호와의 진노에 대한 두려운 감각으로 모든 입이 닫힐 것이며, 심지어 그들이 죽은 자를 묻을 때도 여호와의 이름이 그들의 더럽혀진 입술에 어울리지 않을 것입니다(아모스 6:9, 10).

[역자 주: "한 집에서 열 남자가 남는다 할지라도 그들이 죽으리라. 한 사람의 삼촌 곧 죽은 자를 불태우는 자가 그를 취해 그 뼈들을 집 밖으로 가져갈 때 그 집의 곁에 있는 자에게 이르기를, 아직도 너와 함께한 자가 있느냐? 하면 그가 이르기를, 없다, 하리니 그러면 그가 이르기를, 네 혀를 억제하라. 우리가 주의 이름을 언급해서는 아니 되느니라 하리라."(아모스 6:9, 10) 미래에 대환난 중반 시작 전에 전쟁으로 죽은 시체들을 불태우는 것을 말씀합니다. 에스겔 5장 2절에 보면 "에워싸는 날들이 차거든 삼 분의 일은 그 도시 한가운데서 불태우고 삼 분의 일은 가져다가 도시 주변에서 칼로 치며 삼 분의 일은 바람에 흩으라. 내가 그것들을 따라가며 칼을 빼리라."(에스겔 5:2) 이방인 군대들에게

둘러싸인 예루살렘에 사망에 이르는 역병이 있게 되고 기근이 초래하게 되어 그들은 죽고 그들이 불태워지는 것입니다.]

막대기 아래 있는 것이 참으로 슬픈 일입니다. 그것을 지정하신 분과 완전히 접촉할 수 없다는 것은 여전히 참으로 슬픈 일입니다. 그러한 것이 죄의 속임수의 무뎌지는 힘입니다!

11~14절은 한 세기 후 북쪽의 아시리아 침공에 따른 바벨론 포로기를 간주합니다.

[역자 주: "보라, 주께서 명령하시며 그분께서 큰 집을 쳐서 무너지게 하시고 작은 집을 쳐서 갈라지게 하시리라. 말들이 바위 위에서 달리겠느냐? 사람이 거기서 소들로 쟁기질을 하겠느냐? 너희가 판단의 공의를 쓸개로 바꾸고 의의 열매를 독초로 바꾸었도다. 너희가 아무것도 아닌 것을 기뻐하며 이르기를, 우리가 우리 힘으로 우리를 위해 뿔들을 취하지 아니하였느냐? 하는도다. 그러나 주 군대들의 하나님께서 말씀하시느니라. 오 이스라엘 집아, 보라, 내가 너희를 대적하려고 한 민족을 일으키리니 그들이 하맛 어귀에서부터 광야의 강에 이르기까지 너희를 괴롭게 하리라."(아모스

6장 시온에서 안락

6:11-14) '판단의 공의를 쓸개로 바꾸고'라는 말씀으로 보아 이 구절은 미래에 대환난 전반기 상황으로 보입니다. '너희를 대적하려고 한 민족을 일으키리니'에서 유대인들을 대적하려고 한 민족이 대환난 시작 후 6개월 경과 전 이라크가 침공합니다. 에스겔 50장 17절에서 18절까지를 보면 "이스라엘은 흩어진 양이라 사자들이 그를 쫓아내었도다. 처음에는 아시리아 왕이 그를 삼켰고 마지막에는 이 바빌론 왕 느부갓레살이 그의 뼈들을 꺾었도다. 그러므로 군대들의 주 곧 이스라엘의 하나님이 이같이 말하노라. 보라, 내가 아시리아 왕을 벌할 것같이 바빌론 왕과 그의 땅을 벌하리라."(예레미야 50:17, 18) 이라크가 대환난 시작 후 6개월 전에 한 번 침략하고 그 뒤에 미래에 대환난 중반 시작 전에 적그리스도의 이라크 군대들과 이방인 군대들이 동서남북으로 침략합니다. 대환난 전반기에 침략하는 것은 예루살렘에 들어가지 못하고 화살도 쏘지 못하고 자기가 온 길로 돌아갑니다(이사야 37:29-30, 33). 성경을 읽을 때 유의해야 할 점은 역사적인 인물을 언급하며 단락을 나누어 미래의 일들을 말씀하는 부분도 있고 한 구절에 대환난과 재림 등이

있는 말씀도 있고 대환난 전반기의 내용이었다가 다시 대환난 중반 시작 전으로 말씀을 전개하는 것을 볼 수 있습니다. 이사야 37장의 말씀을 보면 이사야 37장 29절과 30절에서 내 갈고리로 끼우고 군대들을 돌이킨다고 말씀하고 31절과 32절에서 '남은 자가 예루살렘에서 나오며'라고 말씀하며 다시 33절에서 대환난 전반기 침공으로 전환하여 예루살렘에 화살을 쏘지 못하며 돌이킨다고 말씀하며 36절에 와서야 역사적인 문맥으로 전환합니다.]

갈대아 사람들이 모든 땅에 흘러넘치는 홍수와 같이 왔을 때, 그것은 유다가 심판을 쓸개로 바꾸고 의의 열매를 독초로 바꾸었기 때문에 주의 직접적인 명령과 그분의 막대기로서 되어야 합니다. 그들이 그분의 진리를 거짓으로 바꾸고 부정하게 행하면 거룩한 분은 그분의 소유를 대적하여 스스로 편을 취합니다. 그렇게 그것은 여전합니다. 의로우신 주는 의를 사랑합니다. 그분의 이름을 반대되는 것과 연결하지 않으실 것입니다. 이 메시지로 우리 대언자의 두 번째 부문이 끝납니다.

6장 시온에서 안락

7장
상징으로 가르치기

  그 책의 마지막 부분은 서문에서 언급했듯이 7장부터 9장까지를 받아들이고 상징적으로 신의 심판을 상징적으로 보여주는 일련의 다섯 가지 환상들이 담겨 있습니다.

  본 장의 1절부터 9절까지에는 이러한 환상 중 세 가지가 묘사되어 있으며, 반면에 구절의 균형은 자서전의 교훈적인 자료에서 가장 흥미롭고 교훈적인 자료를 제공합니다. 첫 환상에서 대언자는 '왕의 풀을 베는 일이 있고 난 뒤에 나중에 자라는 풀을 총 없애는 시작에서' 메뚜기(단순한 메뚜기가 아니라)의 재앙이 보여졌습니다. 팔레스타인에서는 일 년에 두 가지 작물을 쉽게 수확할 수 있었습니다. 유리한 조건에서 왕의 풀을 베는 일이 있고 난 뒤에 나중에 자라는 풀은 주로 식량과 여물 꼴의 겨

울철 공급에 크게 의존하는 두 번째 작물을 언급할 것입니다. 그러나 선견자는 부드러운 싹을 파괴하는 메뚜기들을 삼키는 것을 보고 아모스의 한 부분에서 진심 어린 모든 기도로 이어집니다. "오 주 하나님이여, 간청하건대 용서하소서 야곱이 미약하니 그가 누구를 의지하여 일어서리이까?" 주께서 중보기도를 들으시고 "그일이 있지 아니하리라."라고 대답하십니다.

의심할 여지 없이 남은 자를 남기지 않고 그것 전에 군대가 모든 것을 휩쓰는 황폐한 재앙은 메뚜기로 상징되었습니다. 모세의 날에서처럼, 주님의 진노가 불이 붙어 나라를 멸망시킬 수도 있었지만 중보자의 중보기도가 개입시켰습니다. 하나님은 탄원되는 것을 사랑하십니다. 그분은 그들의 마음에서 그분의 가난한 백성을 품은 것과 같은 부르짖음을 들으시고 응답하시기를 기뻐하십니다.

[역자 주: "주 하나님께서 이같이 내게 보이셨느니라. 보라, 나

7장 상징으로 가르치기

중에 자라는 풀이 싹을 내기 시작할 때에 그분께서 메뚜기들을 지으셨는데, 보라, 그 짝은 왕의 풀을 베는 일이 있은 뒤에 나중에 자라는 풀의 싹이었느니라. 그것들이 그 땅의 풀 먹기를 마쳤으므로 이에 내가 이르기를, 오 주 하나님이여, 간청하건대 용서하소서. 야곱이 미약하니 그가 누구를 의지하여 일어서리이까? 하매 주께서 이것으로 인해 뜻을 돌이키시며 이르시되, 주가 말하노라. 그 일이 있지 아니하리라 하셨느니라."(아모스 7:1-3) 이 말씀에서 메뚜기들이 '그 땅의 풀 먹기를 마쳤으므로' 보아서 실제 메뚜기들로 보입니다. 성경은 나훔 3장 17절에서 "왕관을 쓴 너의 사람들은 메뚜기들 같고 너의 대장들은 큰 메뚜기들 같도다. 추운 날에는 그것들이 울타리에 진을 치나 해가 뜨면 그것들이 도망하므로 그것들이 있는 곳 즉 그것들의 처소를 알 수 없느니라."(나훔 3:17) 성경은 메뚜기들을 사람으로 묘사하여 군인들로 나타내기도 합니다.]

두 번째 환상(아모스 7:4-6)에서 아모스는 그렇게 큰 깊은 물을 그것의 격노로 핥고 일부분을 먹어 치우는 강

성경 마스터 주석서-아모스

한 삼키는 불을 목격했습니다. 그것은 다시 가장 사나운 성격의 위협적인 심판이며 완전한 끝을 이루지 못합니다. 다시 한번 부르짖음이 하나님 사람의 마음에서 나와 "오 주 하나님, 간청하건대 멈추어 주소서 야곱이 미약하니 그가 누구를 의지하여 일어서리이까?"(아모스 7:5) 그리고 다시 은혜 가운데 "주 하나님이 말하노라. 이 일도 있지 아니하리라."라는 응답이 주어집니다.

[역자 주: "주 하나님께서 이같이 내게 보이셨느니라. 보라, 주 하나님께서 불로 싸우려고 부르시니 그 불이 큰 깊음을 삼키고 일부분을 먹어치웠으므로 이에 내가 이르기를, 오 주 하나님이여, 간청하건대 멈추어 주소서. 야곱이 미약하니 그가 누구를 의지하여 일어서리이까? 하매 주께서 이것으로 인해 뜻을 돌이키시며 이르시되, 주 하나님이 말하노라. 이 일도 있지 아니하리라, 하셨느니라."(아모스 7:4-6) '불로 싸우려고 부르시니'라는 말씀으로 보아 불로 인한 바다를 삼키는 없을 것을 말씀하고 있습니다.]

모든 사람에게 똑같이 떨어지는 차별 없는 압도적인 진노의 무서움이 대언자를 오싹 소름 끼치게 하였습니다. 그러므로 다음 환상에서 그는 각자가 자기 자신의 죄악에 따라 다루어질 것을 그에게 확신하는 그것이 보여집니다.

그분의 손에 다림줄로 그 정확한 지명을 시험하기 위해 "아모스야, 네가 무엇을 보느냐?" 하시기에 응답이 다림줄입니다. 주께서 이르시되, "보라, 내가 다림줄을 내 백성 이스라엘의 한가운데 두고 이후로는 그들 곁을 다시 그냥 지나가지 아니하리니 이삭의 산당들이 황폐하게 되며 이스라엘의 성소들이 피폐하게 되리라. 내가 칼을 들고 여로보암의 집을 대적하여 일어나리라, 하시니라."(아모스 7:8, 9) 쉽게 이해할 수 있는 표현이었습니다. 성벽이 때려 부수는 사람에 의해서 시험될 때 말이 필요 없습니다. 수직에서 벗어나면 작업자가 혼란스러워하는 것이 즉각 나타납니다. 하나님의 정확무오한 말씀은 바로 그러

성경 마스터 주석서-아모스

한 다림줄입니다. 실수 없이 그것은 모든 혼을 시험하고 거기서부터 모든 출발을 나타내고 그것을 위반하는 자에게 심판을 내립니다. 이스라엘 땅 전체에서 그 말씀이 멸시되었고, 백성들은 그들 자신의 길을 택하는 동안 주의 조언을 구하지 않았습니다. 그러므로 그들이 그들의 길에 따라 방문 되었을 때 아무도 정당하게 불평할 수 없었습니다. 그 땅의 모든 산당은 그 나라의 부정이며 불복종에 관한 조용한 증언입니다. 그들 모두에게 황폐함이 떨어질 것이며 그날에 칼이 여로보암의 집에 대적하여 이끌려졌습니다. 물론 참조될 두 번째 이름입니다. 아모스를 다스리는 주권자는 그의 예언들을 말했습니다.

[역자 주: "그분께서 이같이 내게 보이셨느라. 보라, 주께서 자신의 손에 다림줄을 잡고 다림줄을 써서 쌓은 성벽 위에 서신 뒤에 주께서 내게 이르시되, 아모스야, 네가 무엇을 보느냐? 하시기에 내가 이르되, 다림줄이니이다. 하매 그때에 주께서 이르시되, 보라, 내가 다림줄을 내 백성 이스라엘의 한가운데 두고 이후로는 그

들 곁을 다시 그냥 지나가지 아니하리니 이삭의 산당들이 황폐하게 되며 이스라엘의 성소들이 피폐하게 되리라. 내가 칼을 들고 여로보암의 집을 대적하여 일어나리라, 하시니라."(아모스 7:7-9) 다림줄은 건축가들이 사용하는 추와 같은 의미입니다. 성벽을 쌓아 올리려면 수직선 상이 되어야 하는데 다림줄을 사용하면 수직으로 성벽을 쌓아 올릴 수 있습니다. "이스라엘의 한가운데 두고 이후로는 그들 곁을 다시 그냥 지나가지 아니하리니."라는 말씀은 예루살렘의 성벽이 전쟁으로 황폐해진 것을 보수할 때 다시 필요하기에 이스라엘의 한가운데 둔다는 말씀이고 이후로는 그들 곁을 다시 그냥 지나가지 아니한다는 말씀은 산당 외 다른 것들을 건축되는 것에는 사용되지 않는다는 의미로 보입니다. 미래에 대환난 중반 시작 전 전쟁으로 산당들이 황폐하게 되며(에스겔 6:3, 6), 이스라엘 거룩한 처소들이(에스겔 7:24) 피폐하게 되며, 여로보암의 집들을 대적하여 전쟁의 칼이 일어날 것을 말씀하고 있습니다.]

　벧엘의 신앙을 버린 산당의 제사장 아마샤는 이 엄숙한 말씀들을 듣고 왕의 배반자로서 아모스를 비난하기 위해

성경 마스터 주석서-아모스

화가 나서 올라갑니다. 신앙을 버린 의식의 시스템의 머리가 이스라엘의 변덕스러운 왕들에 의해서 확립되고 지지받았을 때 가능하면 그는 진리의 길에서 벗어난 치명적인 훈계 자를 얻습니다. 그러한 말들이 그 땅에서 허용된다면 동업자들이 위험하기 때문입니다. 그러므로 그는 여로보암에게 보내 "아모스가 이스라엘 집의 한가운데서 왕을 대적하여 음모를 꾸몄는데 그의 모든 말을 이 땅이 감당할 수 없나이다. 아모스가 이같이 말하기를, 여로보암은 칼에 죽을 것이며 이스라엘은 반드시 포로로 사로잡혀 자기들 땅에서 떠나리라, 하나이다 하고."(아모스 7:10, 11)

아모스가 선언했던 것은 참으로 기분 좋지 않은 진리입니다. 그러나 아마샤는 그렇게 의도적이든 아모스의 말들을 부정확하게 보고한 것처럼 보입니다. 또는 그 자신의 죄악이 그를 그들에게 이해시키지 못하도록 인도하는 것을 꺼림칙해 합니다. 우리는 여로보암이 스스로 칼에 의해서 죽어야 한다는 선언하는 아모스의 기록은 없

7장 상징으로 가르치기

습니다(명백히 열왕기하 14:23-29에서 보듯이 그 경우는 없습니다.).
하지만 칼이 그의 집을 대적하여 이끌려져야 하는 것은
있습니다. 그것은 그의 아들 사가랴의 격렬한 죽음으로
가득 채워졌습니다.

　[역자 주: "그때에 벧엘의 제사장 아마샤가 이스라엘 왕 여로
보암에게 사람을 보내어 이르되, 아모스가 이스라엘 집의 한가
운데서 왕을 대적하여 음모를 꾸몄는데 그의 모든 말을 이 땅이
감당할 수 없나이다. 아모스가 이같이 말하기를, 여로보암은 칼
에 죽을 것이며 이스라엘은 반드시 포로로 사로잡혀 자기들 땅
에서 떠나리라, 하나이다 하고."(아모스 7:10, 11) 아모스는 역사
적으로 바빌론 포로로 사로잡힘과 대환난 중반 시작 전에 전쟁
으로 이스라엘은 포로로 사로잡혀 자기들 땅에서 떠나리라는 이
중적 말씀을 하고 있습니다.]

　우리는 왕의 부분에 응답하지 않는 것을 읽습니다. 강
력한 주권자는 그의 노트 아래처럼 목동의 대언과 그의
예측들을 고려할지 모릅니다. 또는 그는 명백히 하나님

에 의해 보내어진 사람을 때린 것을 두려워했을지 모릅니다. 그렇게 확대된 고위 성직자는 스스로 교훈적인 훈계 자와 상대하는 것을 떠났습니다. 그분은 그와 이유를 갖습니다. 그는 다른 사람들에게 속한 담당 구역에 침입하는 것을 그에게 말합니다. '오 너 선견자야' 그는 말하기를 "너는 가서 유다 땅으로 도망하고 거기서 빵을 먹으며 거기서 유도하고 이후로는 벧엘에서 다시 대언하지 말라. 그곳은 왕의 예배처요, 왕의 뜰이니라 하니라."(아모스 7:12, 13)

[역자 주: 아모스 7장 13절에서 벧엘은 왕의 예배처요, 왕의 뜰이라는 것은 이스라엘 왕 여로보암 2세가 느밧의 아들 여로보암의 모든 죄에서 떠나지 아니하였다는 것을 말씀하고 있습니다(열왕기하 14:24).]

사람이 만든 제사장들과 설교자들의 일부에서 이것은 종종 반복된 불평입니다. 성령에 의해 보내진 하나님의 사람들은 그들의 양 떼를 손대지 않고 그들이 요구

7장 상징으로 가르치기

한 물에서 물고기를 잡지 말아야 합니다. 그들의 특별히 할당된 부문으로서 하나님의 상속을 볼 때 그들은 재정적 또는 다른 이득을 찾는 것뿐만 아니라 단순히 하나님의 전체 조언을 선언하는 주의 명백한 말씀으로 오는 자유로운 종을 참을 수 없습니다. 아마샤가 스스로 일하면서 아모스는 같은 사람이라고 넌지시 비춥니다. 그가 그에게 유다로 가서 '거기서 빵을 먹으라.' 촉구할 때 그는 좋은 삶에 관한 자신의 눈을 가지지 못한 하나님의 말씀을 선포하러 나가는 사람에 대해서 상상할 수 없습니다. 그 자신의 탐욕스러운 마음은 그를 대제사장 직분을 생계의 바람직한 수단으로서 인도했습니다. 그는 자신의 길에서 아모스가 자신처럼 훨씬 전문적인 사람으로 당연하게 여깁니다.

그때 역시 그는 궁극의 대언자 및 벧엘에서 왕과 백성의 영적인 충고자가 될 권리를 스스로 침해합니다. 그것은 우리가 오늘날 대성당 있는 도시라 부르는 것입니다.

아마샤는 그것의 성직자의 머리입니다. 남쪽에서 온 자격 없는 남의 일에 간섭하는 자를 쫓아내야 합니다.

아모스는 겸손하고 성실하게 거만하고 분개한 제사장에게 답변합니다. 그는 답변하기를 "나는 대언자가 아니며 대언자의 아들도 아니었노라."(아모스 7:14) 그는 전문적인 선견자도 아니고 인간의 손을 통하여 혈통으로 그의 약속을 얻은 것도 아니었습니다. "… 다만 나는 가축 치는 자요, 돌무화과나무 열매를 모으는 자였는데 내가 양떼를 따라갈 때 주께서 나를 데려가시고 주께서 내게 이르시기를 주께서 내게 이르시기를, 가서 내 백성에게 대언하라 하셨느니라."(아모스 7:14, 15)

[역자 주: 아모스가 대언자로서 부름을 받고 대환난, 재림, 천년왕국까지 말씀하고 있는 것을 볼 수 있습니다.]

여기에 그들이 그 이후 수천 명의 다른 사람에게 있었던 것처럼 아마샤에게 납득이 안 가는 신임장들이 있었습니다. 아모스는 하나님의 직접적인 부르심에 의해서

7장 상징으로 가르치기

대언자로 들어갔습니다. 신약 사도처럼 그것은 "사람들에게서 나지 아니하고 사람으로 말미암지도 아니하며"(갈라디아서 1:1) 신의 임명에 의해서입니다.

성경 어디에도 우리는 일찍이 한 사람이 다른 사람에게 주의 말씀을 말하도록 능력을 준 것을 읽어 보지 못했습니다. 하나님의 명령을 받은 엘리야가 엘리사에게 기름을 부을 수 있을 수 있습니다. 또는 바울은 실라를 선택할 수 있습니다. 하나님만이 은사를 주시고 그 종을 인정하십니다.

그러나 아마샤는 더 많은 것을 들어야 합니다. 그가 신이 주신 대언자를 불경스럽게 제어하려 시도했을 때 그는 자신의 운명이 선포되는 것을 들어야 합니다. "그러므로 이제 너는 주의 말씀을 들으라. 네가 이르기를, 이스라엘을 대적하여 대언하지 말며 이삭의 집을 대적하여 네 말을 내지 말라 하는도다. 그러므로 주께서 이같이 말씀하시느니라, 네 아내는 도시에서 창녀가 되고 네 아들딸들은 칼에 쓰러질 것이며 네 땅은 줄로 측량되어 나뉘고 너는 더러워진 땅에서 죽을 것이요, 이스라엘은 반드시 포로로 잡혀가서 자기 땅을 떠나리라 하니라."(아모스 7:16, 17)

[역자 주: 아모스 7장 17절에서 미래에 대환난 때 여자들은 이방인 군인들에 의해서 강간(스가랴 14:2)을 당하고 아들딸들은 전쟁의 칼로 죽고(예레미야 애가 2:21) 그 땅은 피로 오염되어 더러워지고 이스라엘은 반드시 포로로 잡혀가서 자기 땅을 떠날 것입니다.]

이것에 명백한 말씀이 있습니다. 비록 우리가 더 이상의 기록은 없을지라도 우리는 그들이 편지대로 성취되었다는 것을 의심할 수 없습니다. 우리는 아마샤의 부분에서 응답이 없음을 읽습니다. 그의 양심은 대언자의 편에 있었습니다. 그것은 그의 입을 봉했을 수 있습니다.

양심은 대언자의 편이었고, 그것이 그의 입술을 봉인했을지도 모릅니다. 모든 명예를 박탈당한 그가 아시리아 땅에서 눈물을 머금은 눈을 하늘을 향해 들어 올렸을 때 어찌하였든 모든 말이 그에게 다시 돌아와야 합니다!

7장 상징으로 가르치기

8장
말씀의 기근

첫 구절(1-3)은 네 번째 환상과 그 적용을 담고 있습니다. 이 사물 교훈의 마지막을 제외하고는 모두 시골에서 자랐고 농업 생활에 익숙한 젊은이의 마음속에 쉽게 떠오를 만한 그러한 성격의 것들임을 주목될 것입니다. 메뚜기들은 동부 농부들에게 두려운 역병입니다. 종종 아모스도 역시 숲 또는 작물들과 가축들과 같은 것을 파괴를 위협하는 산불을 퇴치하는 데 도움을 주었을 것입니다. 돌 성벽은 주거지와 특수 경작 중인 울타리 모두에서 거의 독점적으로 사용되었기 때문에 다림줄의 사용은 그에게 아주 친숙할 것입니다. 이 네 번째 환상의 주제는 나머지만큼이나 친숙할 것입니다.

주 하나님은 그에게 여름 과일 바구니, 즉 더 이상 보존될 필요 없는 무르익은 과일을 보여주셨습니다. 그의 죄악의 대답으로 "아모스야, 네가 무엇을 보느냐?"(아모스 8:2)라고 물었습니다. 대언자가 대답하기를 '여름 과일 바구니'이니이다. 그때 단순한 상징의 설명입니다.

이스라엘은 부패한 과일같이 되어 있었습니다. 끝이 던져 버릴 시간이 가까워졌습니다. 은혜가 그렇게 되풀이하여 거부한 사람들에게는 더 이상 은혜가 베풀어지지 않을 것입니다. 성전 노래들이 고뇌와 절망의 비통한 외침으로 바뀌었고, 하나님의 메시지를 경멸하는 자들의 시체들이 도시를 가득 채우고 묵묵히 던져질 것입니다.

[역자 주: "주 하나님께서 이같이 내게 보이셨느니라. 보라, 여름 과일 한 바구니이니라. 그분께서 이르시되, 아모스야, 네가 무엇을 보느냐? 하시기에 내가 이르되, 여름 과일 한 바구니이니이다 하매 그때에 주께서 내게 이르시되, 내 백성 이스라엘에게 끝이 닥쳤으니 내가 이후로는 그들 곁을 다시 그냥 지나가지 아니하리라. 그 날에는 성전의 노래들이 울부짖음이 되며 곳곳에 시체들이 많이 있어 그들이 묵묵히 그것들을 내버리리라. 주 하나님이 말하노라, 하시니라."(아모스

8장 말씀의 기근

8:1-3) '끝이 닥쳤으니' 이 끝(에스겔 7:2)은 대환난 중반 시작 전을 말합니다. '끝이 닥쳤으니'라는 의미는 동서남북으로 이방인 군대들이 네 구석에 닥쳤으니 "그 날에는 성전의 노래들이 울부짖음이 되며 곳곳에 시체들이 많이 있어"라는 말씀은 제3 성전의 노래들이 바뀌어 울부짖음이 되고 죽은 시체들이 많이 있을 것을 말씀하는 것입니다.]

끝이 왔었다는 이 선언을 동반하여 우리는 사람들의 죄에 관한 엄숙한 요약을 가집니다. "너희가 마지막 날들을 위해 재물을 함께 모아 쌓이도다."의 야고보서 5:1-6의 마지막 날과 같이 그들은 그들의 탐욕으로 궁핍 한 사람들을 삼키며, 그 땅의 가난한 자들을 망하게 합니다.

이 같은 탐욕스러운 영이 정해진 명절과 안식일을 부담스럽게 만들었습니다. 그들은 겉으로는 명절과 안식일을 지켰지만, 날이 저물기를 갈망했고 그들은 사거나 팔고자 했으며 이득을 얻고자 합니다.

[역자 주: "오 궁핍한 자를 삼키며 참으로 그 땅의 가난한 자들을 망하게 하는 자들아, 너희는 이 말을 들으라. 너희가 말하기를,

성경 마스터 주석서-아모스

월삭이 언제나 지나서 우리가 곡식을 팔까? 안식일이 언제나 지나서 우리가 에바를 작게 하고 세겔을 크게 하며 속임수로 저울을 틀리게 한 뒤 밀을 내놓을까? 또 우리가 은으로 가난한 자들을 사고 신 한 켤레로 궁핍한 자를 사며 참으로 밀 찌꺼기를 팔까 하는도다.”(아모스 8:4–6) 성경은 “앞니는 검 같고 어금니는 칼 같아서 가난한 자를 삼켜 땅에서 없애며 궁핍한 자를 삼켜 사람들 가운데 없애는 세대가 있느니라.”(잠언 30:14) 또한 “어떤 사람이 가난하다고 해서 그 가난한 자를 강탈하지 말고 또 고난받는 자를 성문에서 학대하지 말라.”(잠언 22:22) 말씀하며 저울추를 틀리게 하면 죄가 되는 것이고 “공정한 저울과 공정한 추와 공정한 에바와 공정한 힌을 지닐지니라 ….”(레위기 19:36) 말씀합니다.]

　이를 위해 주께서 맹세하시기를, “반드시 내가 그들의 행위 중 어느 것도 결코 잊지 아니하리라.”(아모스 8:7) 모두 그분의 거룩한 눈 아래 있었습니다. 모두 그분의 책에 주목되었습니다. 모두가 그분의 심판대 앞에 서야 합니다! 만약 구원받지 못한 죄인의 시선이 이 페이지에 머물러 있다면, 오, 모든 그 엄숙함으로 나에게 이 진술을 당신에게 강조하도록 합니다. 당신이 당신 자신의 행위들을 잊고 그렇게 큰 당신의 많은 죄들이 있지만, 하나님은 그것들을 여전히 기억하시겠다고 선언하셨습니다. 그리고 그분이 그렇게 기억하신다면, 당신은 그분의 면전에서 영원히 추방되어야 합니다. 그러나 구원을 하기 위해 죽으신 분을 신뢰하고 그들의 죄악을 소유한 그들 자신이 이제 판단하는 사람들 중 "그들의 죄들과 불법들을 다시는 기억하지 아니하리라."(예레미야 31:34, 히브리서 10:17)입니다. 따라서 독자 여러분, 여러분의 죄는 기억되고 있습니까, 아니면 잊혀졌습니까?

[역자 주: "주께서 야곱의 뛰어남을 두고 맹세하시되, 반드시 내가 그들의 행위 중 어느 것도 결코 잊지 아니하리라."(아모스 8:8) '야곱의 뛰어남'은 제3 성전을 말씀하는 것입니다(에스겔 24:21).]

이스라엘의 죄들로 인해 그 땅은 떨어야 했고 해가 정오에 지게 하고 밝은 대낮에 땅을 캄캄하게 할 때 그 사람들은 이집트의 넘쳐 오르는 강에 의해서인 것처럼 밀려 나가졌습니다. 그것은 완전한 황폐함에 대한 시각적 표현입니다. 그들의 가난한 자들을 향한 마음 없는 잘못 인도함 및 그들의 길들에 하나님의 기쁘게 하지 못하는 것을 붙잡는 이기주의의 결과입니다. 그날에 아침이 쓰라릴 것입니다. 그때 아아, 회개가 위협적인 재난을 돌리는 것을 역시 늦게 올 것입니다. 그것은 외아들을 위해 애곡 같게 될 것이었고 끝이 해악의 날이 될 것이었습니다(아모스 8:4-10).

[역자 주: "이것으로 인해 그 땅이 떨지 아니하겠으며 그 안에 거하는 모든 자가 애곡하지 아니하겠느냐? 그 땅이 홍수같이 전부 솟아올랐다가 이집트의 홍수에 의해 밀려나는 것같이 밀려나서 물에 잠기리라. 주 하나님이 말하노라. 그날에 내가 해를 정오에 지게 하고 밝은 대낮에 땅을 캄캄하게 하며 너희의 명절들을 애곡으로, 너희의 모든 노래를 애가로 변하게 하고 모든 허리에 굵은 베를 두르게 하며 모든 사람의 머리를 대머리가 되게 하고 그 일을 외아들로 인한 애곡 같게 하며 그 일의 끝을 쓰라린 날과 같게 하리라."(아모스 8:8-10) 다니엘 9장 26절에서 보면 "육십이 이레 뒤

8장 말씀의 기근

에 메시아가 끊어질 것이나 그것은 그분 자신을 위한 것이 아니니라. 앞으로 올 통치자의 백성이 그 도시와 그 성소를 파괴할 것이요. 그 일의 끝에는 홍수가 있을 것이며 또 그 전쟁이 끝날 때까지 황폐하게 하는 것이 작정되었느니라."(다니엘 9:27) 홍수가 있고 난 뒤에 전쟁이 있습니다. "그 땅이 홍수같이 전부 솟아올랐다가 이집트의 홍수에 의해 밀려나는 것같이 밀려나서 물에 잠기리라." 레바논 두로 도시가 강력한 지진으로 바다에 침수될 때 이스라엘 땅에도 그 땅이 홍수같이 전부 솟아올랐다가 물에 잠길 것입니다. 이때가 이방인 군대들이 두로를 침략하고 황폐한 도시가 되게 할 때 깊음인 바닷물을 두로 가져와 큰물들이 두로 도시를 덮게 할 때 (에스겔 26:14, 15, 19) 이스라엘 땅에도 땅이 전부 솟아올랐다가 물에 잠길 것입니다. 그 이후 이스라엘 땅에 대환난 중반 시작 전에 전쟁이 있습니다. "그 날에 내가 해를 정오에 지게 하고 밝은 대낮에 땅을 캄캄하게 하며 너희의 명절들을 애곡으로, 너희의 모든 노래를 애가로 변하게 하고 모든 허리에 굵은베를 두르게 하며 모든 사람의 머리를 대머리가 되게 하고 그 일을 외아들로 인한 애

성경 마스터 주석서-아모스

곡 같게 하며 그 일의 끝을 쓰라린 날과 같게 하리라." 유대인들은 전쟁으로 인한 죽은 시체들로 애곡이 되며 예루살렘에 핵폭탄(에스겔 21:15)이 터져 모든 사람의 머리가 대머리(에스겔 7:18)가 되고 그 일이 외아들로 인한 애곡(예레미야 6:26) 같게 한다고 말씀합니다. 전쟁으로 인한 유대인들은 쓰라린 날과 같게 패하게 됩니다.]

그러나 더욱더 기근은 그들에게 오게 되었고 그들은 가난한 자들을 삼킬 것이며 신 한 켤레로 궁핍한 자를 살 것입니다. 그것은 빵으로 인한 기근도 아니요, 물로 인한 갈증도 아니며, 그들이 거절했던 주의 말씀들을 듣는 것에 대한 기갈입니다. 바다에서 바다까지 사람들이 버렸던 것처럼 그들은 주의 한 번 경멸된 말씀을 모든 측면으로 찾아 방황할 것입니다. 그러나 현재도 역시 늦고 그들은 그것을 찾지 못할 것입니다(아모스 8:11, 12).

[역자 주: "주 하나님이 말하노라. 보라, 날들이 오리니 내가 그 땅에 기근을 보내리라. 그것은 빵으로 인한 기근도 아니요, 물로 인한 갈증도 아니며, 주의 말씀들을 듣는 것에 대한 기갈이니라. 그들

8장 말씀의 기근

이 바다에서 바다까지, 북쪽에서 동쪽까지 떠돌아다니며 주의 말씀을 구하려고 이리저리 달음질하여도 그것을 찾지 못하리니."(아모스 8:11, 12) 그리스도인이 휴거 후 이스라엘 사람들은 주의 말씀을 구하려고 할 것이며 이리저리 달음질하여도 찾지 못할 것입니다.]

의심의 여지 없이 이 대언은 이스라엘의 백성이 아시리아로 옮겨졌을 때 측정상 성취되었습니다. 하지만 더 큰 성취는 적그리스도의 날에 그들에게 준비되어 있습니다. 이스라엘과 유다 홀로 기근을 통과하지 못합니다. 거룩한 성경으로 그렇게 축복받은 더 죄악 된 기독교계는 진리로부터 완전히 돌아설 것이고 우화로 돌릴 것입니다. 하나님의 탄식한 영이 떠났을 때 그 날이 올 것입니다. 말하자면 진리의 바로 성경은 그렇게 밝게 그것을 존중한 사람들에게 취해질 것입니다.

그때 "아름다운 처녀들과 청년들이 갈증으로 인해 기진"(아모스 8:13) 할 것입니다. 그들이 절망으로 죽고자 떠나며 강한 미혹이 포기되었을 때 그들이 거절했던 생명의 물

성경 마스터 주석서-아모스

이 철회될 것이기 때문입니다. 그들은 거짓을 믿고 진리에 순종하지 않고 모두 심판받을 것이며 불의를 기뻐할 것입니다. 기근은 하나님에게 그들의 돌아서지 않는 것에 결과를 가져올 것이지만 엘리야의 날에 단지 발견되는 것처럼 여전히 그들의 우상에게 맹세할 것입니다. 거기에는 아무도 듣지 않고 간주하는 어떤 사람도 없고 그렇게 그들은 쓰러질 것이고 다시 일어나지 못할 것입니다(아모스 8:13, 14).

  [역자 주: "그 날에 아름다운 처녀들과 청년들이 갈증으로 인해 기진하리라. 사마리아의 죄를 두고 맹세하여 이르기를, 오 단아, 네 신이 살아 있다 하며, 브엘세바의 풍습이 살아 있다 하는 자들 곧 그들도 쓰러져서 결코 다시 일어나지 못하리라."(아모스 8:13, 14) 주의 말씀을 찾아다니던 아름다운 처녀들과 청년들이 영적인 갈증으로 인해 기진할 것입니다. 사마리아의 죄를 두고 맹세한다는 것은 느밧의 아들 여로보암이 단에 두었던 금송아지입니다. 우상을 섬기는 자들과 브엘세바의 풍습이 살아 있다 하는 자들도 전쟁으로 쓰러져서 결코 다시 일어나지 못할 것입니다.]

8장 말씀의 기근

9장
곡식을 잃어버리지 않음

이 마지막 장은 쉽게 두 부문으로 나누어집니다. 1절에서 10절까지는 다섯 환상의 마지막을 보여줍니다. 그들의 방황의 땅들에서 이스라엘을 기다리는 고통들의 여호와의 독주지만 그분의 밀의 곡식이 잃어버릴 것을 확신합니다. 그때 11~15절에서 대언자들과 관습상인 것처럼 선견자는 마지막 날들에 영광과 축복에 그들의 회복을 바라봅니다. 그들의 고난들이 영원히 과거일 때 그 국가는 회복된 남은 자 안에서 구원받을 것입니다.

이번에는 환상은 하나님의 집과 관련이 있습니다. 주는 제단 위에 또는 제단 옆에 서서 계십니다. 주는 상인방, 즉 문설주를 치라고 명령하고 기둥들이 흔들리게 합니다. 도망가는 제사장들과 사람들은 도피할 수 없는 것으로부터 파괴에 바쳐집니다.

　[역자 주: "내가 보니 주께서 제단 위에 서서 이르시니라. 문의 상인방을 쳐서 기둥들이 흔들리게 하고 그것들의 머리를 다 자르라. 내가 그들 중에서 마지막 남은 자들을 칼로 죽이리니 그들 중에서 도피하는 자도 도피하여 벗어나지 못할 것이며 그들 중에서 도망하는 자도 구출받지 못하리라."(아모스 9:1) 가증한 죄들을 지었던 유대인들 중에서 마지막 남은 자들을 전쟁의 칼로 죽일 것이고 도피하는 자도 벗어나지 못할 것이며 도망하는 자도 구출 받지 못할 것이라 말씀합니다.]

　그분은 그들이 영들의 세계인 스올을 파헤치거나 하늘에 오르려고 하면 그분의 손이 그들을 찾아내실 것입니다. 그들은 높은 갈멜산 꼭대기나 바다 깊은 곳에 그들 자신을 숨길 수 있습니다. 하지만 그들은 그들의 죄들이 상당한 심판을 피하지 말아야 합니다.

　심지어 그 적들 사이에 포로로 잡혀 있을 때조차 그분은 그들을 쫓아 칼을 보내시고, 선이 아닌 악을 위해 그

9장 곡식을 잃어버리지 않음

분의 눈을 그들에게 두셨습니다(아모스 9:2-4).

　[역자 주: "그들이 땅을 파서 지옥으로 들어갈지라도 내 손이 거기서 그들을 붙잡을 것이며 그들이 하늘로 올라갈지라도 내가 거기서 그들을 끌어내리리라. 그들이 갈멜 산 꼭대기에 숨을지라도 내가 거기서 그들을 찾아내서 끄집어낼 것이며 그들이 내 눈앞에서 떠나 바다 밑에 숨을지라도 내가 거기서 뱀에게 명령하여 그것이 그들을 물게 하리라. 그들이 자기 원수들 앞에서 포로로 잡혀갈지라도 내가 거기서 칼에게 명령하여 그것이 그들을 죽이게 할 것이며 내 눈을 그들 위에 두어 화를 내리고 복을 내리지 아니하리라."(아모스 9:2-4) 그들이 지은 죄들에 상당한 화를 내리고 심판을 받도록 하는 말씀입니다.]

　그러한 것이 환상이었습니다. 아모스는 다음 구절에서 본문으로서 환상을 사용합니다. 아모스는 그들이 정죄했던 하나님의 힘을 기술합니다. 그분의 능력과 지혜를 증거하도록 자연을 부릅니다. 그분의 손길에 땅이 녹고 그 안에 거주자들이 애곡합니다. 그분은 하늘에 구름을 펼치시고 땅에 비를 쏟습니다. 여호와는 그분의 이름입니다(아모스 9:5, 6).

[역자 주: "주 군대들의 하나님은 그 땅에 손을 대는 자니 그가 그러하면 그 땅이 녹고 그 안에 거하는 모든 자들이 애곡하며 그 땅이 홍수같이 전부 솟아올랐다가 이집트의 홍수에 의해 잠기는 것같이 물에 잠기리라. 그는 하늘에 자신의 여러 층을 건축하고 땅에 자신의 군대를 세운 자요, 바다의 물들을 불러 지면에 그것들을 쏟는 자니 주가 그의 이름이니라."(아모스 9:5, 6) '땅이 녹고'는 강력한 지진을 말씀합니다. 강력한 지진으로 홍수같이 전부 솟아올랐다가 물에 잠길 것입니다. 아모스 8장 8절의 내용과 동일합니다. "그는 하늘에 자신의 여러 층을 건축하고 땅에 자신의 군대를 세운 자요."라는 말씀은 전쟁으로 인해 화력이 심해 열기가 방출되어 지구의 온기가 높아지기에 하늘에 구름의 여러 층(이사야 25:5)을 건축한다는 말씀입니다. 민족들에게도 전쟁이 온 세상(이사야 24:4)에 있게 되며 강한 민족들은 주께 영광을 돌리고(이사야 25:3) 타국인들의 궁궐을 도시가 되지 못

하게 합니다(이사야 25:2). "바다의 물들을 불러 지면에 그것들을 쏟는 자니"라는 말씀은 대환난 중반 지나 1년 6개월이 되면 세상을 벌하고(이사야 13:11) 벌하는 시점에서 그 후 섬들이 사라집니다(요한계시록 16:20).]

그렇다면 누가 그런 하나님을 견딜 수 있겠습니까? 그분을 멸시하는 자에게 누가 번영을 기대할 수 있겠습니까? 이스라엘의 특별한 특권은 이제 이용할 수 없을 것입니다. 그들은 다른 사람들보다 더욱 가치가 없었습니다. 그들은 에티오피아 사람들보다 우월한 것이 아무것도 없었습니다. 이스라엘을 이집트 땅에서 이끌어내신 그분은 블레셋 사람들을 갑돌에서, 시리아 사람을 기르에서 데려오셨습니다.

[역자 주: "주가 말하노라. 오 이스라엘 자손들아, 너희는 내게 에티오피아 사람들의 자손들 같지 아니하냐? 내가 이스라엘을 이집트 땅에서 데리고 올라오지 아니하였느냐? 또 블레셋 사람들을 갑돌에서, 시리아 사람들을 기르에서 데려오지 아니하였

성경 마스터 주석서-아모스

느냐?"(아모스 9:7), "내가 이스라엘을 이집트 땅에서 데리고 올라오지 아니하였느냐?"라는 말씀은 유대인들이 이집트 노예에서 출애굽 한 것과 미래에 대환난 중반 지나 이집트에서 도피한 유대인들이 다시 한번 탈출하게 됩니다(에스겔 28:25). 아모스 1장 5절에서 "시리아 백성이 포로가 되어 기르로 가리라."의 말씀이 아모스 9장 7절에서 "시리아 사람들을 기르에서 데려오지 아니하였느냐?" 말씀하는 것입니다.]

그분의 눈에는 이스라엘은 이제 그들의 이웃 나라들보다 심지어 더 나쁜 죄악 된 왕국에 불과했습니다. 그래서 그분은 그들을 땅의 지면에서 그들을 멸할 것입니다.

그럼에도 불구하고 그분은 조상들에 대한 그분의 약속을 기억하고 다가오는 씨에 관한 그분의 말씀은 실패하지 말아야 합니다. 그렇게 그분은 남은 자를 제외합니다. 그분은 "야곱의 집은 철저히 멸하지 아니"(아모스 9:8)할 것입니다.

[역자 주: "보라, 주 하나님의 눈은 죄 많은 왕국 위에 있나니

9장 곡식을 잃어버리지 않음

내가 그 왕국을 지면에서 끊어 멸할 것이나 다만 야곱의 집은 철저히 멸하지 아니하리라. 주가 말하노라."(아모스 9:8), "주 하나님의 죄 많은 왕국 위에 있나니."라는 말씀은 미래에 대환난 중반 지나 1년 6개월(예레미야 51:46)이 되면 이라크 바빌론의 사람들의 죄악으로 인해서 세상이 벌을 받을 때(이사야 13:11) 죄 많은 왕국을 지면에서 끊어 멸할 것이라는 말씀입니다. 유대인들은 대환난을 겪은 후 남은 자들 삼 분의 일(스가랴 13:8)만 천년왕국으로 들어갈 것입니다.]

그분은 체로 곡식을 체질하는 것같이 모든 민족 가운데서 이스라엘 집을 체질할 것이나 그럼에도 작은 알갱이조차 떨어지지 아니할 것입니다. 오직 그분의 백성의 죄인들, 즉 "해악이 우리를 따라잡지 못하며 우리보다 앞서지 못하리라."(아모스 9:10)라고 말한 자들만 칼에 죽게 될 것입니다. 이것은 복되신 주께서 자신만만한 베드로에게 말을 걸 때 사용하신 표현입니다. 그는 사탄의 체에 들어가야 하지만 마지막 멸망을 위한 것이 아니라 찌꺼기를 곡식에서 분리하기 위한 것입니다.

[역자 주: "보라, 내가 명령할 것이며 또 체로 곡식을 체질하는 것같이 모든 민족들 가운데서 이스라엘 집을 체질할 것이나 그럼에도 가장 작은 알갱이조차 땅에 떨어지지 아니하리라. 내 백성 중의 모든 죄인들 곧, 해악이 우리를 따라잡지 못하며 우리보다 앞서지 못하리라, 하고 말하는 자들은 칼에 죽으리라."(아모스 9:9, 10), "해악이 우리를 따라잡지 못하며 우리보다 앞서지 못하리라."라는 말씀에서 '해악'(에스겔 7:5)은 적그리스도로 보아도 됩니다. '칼'은 전쟁의 칼(이사야 21:15)입니다.]

그러한 것은 민족들 가운데서 이스라엘의 찌꺼기 결과입니다. 그들은 이스라엘에 속한 모든 이스라엘이 아닙니다. 즉 야곱에서 내려온 모두가 믿음의 자녀들이 아닙니다. 주의 말씀에 귀를 기울이고 그분의 증거를 믿는 자만이 하나님의 이스라엘입니다. 그러한 위에 신약의 사도들은 하나님으로부터 화평을 불러일으킵니다. 이들은 다가오는 왕국을 보존된 곡식일 것입니다.

9장 곡식을 잃어버리지 않음

그 날에 오랫동안 무너진 다윗의 장막이 다시 일으켜 세워질 것이고 예루살렘의 도시가 옛 폐허 위에 재건되어 일어날 것입니다. 그때 회복된 이스라엘은 에돔 땅을 소유하게 되고 모든 구원받은 모든 민족들은 그들의 영향을 소유하게 될 것입니다(아모스 9:11, 12). 이것은 거기에는 그것보다 그것에 관한 그의 사용에서 아마도 더 많았을지라도 이교도들의 부름을 정당화하기 위해 사도행전 15장에서 야고보에 의해서 인용된 성경이라는 것을 주목할 만합니다.

그것은 민족들로 퍼져 나간다는 은혜의 생각과 완전하게 조화를 이룹니다. 그분의 이름을 위한 사람들이 완성된 이교도들 중에서 데려오는 것에서 하나님의 현재 일들 후에 주는 이스라엘에게 한 번 더 그분의 손을 돌릴 것이고 다윗의 장막을 일으켜 세울 것입니다. 대언자들을 통해 만들어진 모든 약속들을 성취합니다(사도행전 15:16, 17).

[역자 주: "그 날에 내가 다윗의 쓰러진 장막을 일으켜 세우고 그것의 무너진 곳을 막으며 내가 그의 허물어진 것들을 일으켜 세우고 내가 그것을 옛날과 같이 건축하리니 이것은 그들이 에돔의 남은 자들과 내 이름으로 불리는 모든 이교도들 중에서 남은 자들을 소유하게 하려 함이라. 이 일을 행하는 주가 말하노라."(아모스 9:11, 12) '그 날에'는 재림 때입니다. 사도행전 15장 16절을 보면 "이 일 뒤에 내가 돌아와 다윗의 쓰러진 장막을 다시 건축하고 내가 그것의 허물어진 것을 다시 건축하며 내가 그것을 세우리니."(사도행전 15:16) '내가 돌아와'라는 재림을 말하는 것입니다. '다윗의 쓰러진 장막을 다시 건축하고'는 천년왕국 성전을 세우겠다는 말씀입니다. 천년왕국 성전(스가랴 6:12)은 이방인들인 레바논 사람들에 의해서 나무로 지어집니다(이사야 60:13). 재림 후 유대인들은 오래된 폐허를 세우고 이전의 황폐한 곳들을 일으켜 세우며 예루살렘의 도시들은 보수됩니다(이사야 61:4). 유대인들은 집들을 짓고 살아갈 것입니다(이사야 65:22). "이것은 그들이 에돔의 남은 자들과 내 이름으로 불리는 모든 이

교도들 중에서 남은 자들을 소유하게 하려 함이라."라는 말씀에서 '내 이름으로 불리는' 모든 이교도들입니다. 예레미야 12장 14절부터 17절까지를 보면 이스라엘의 상속 재산에 손을 대는 자들인 민족들은 그들이 유대인들의 길들을 부지런히 배워, 주께서 살아 계신다, 하고 주의 이름으로 맹세하기를 자기들이 유대인을 가르쳐 바알을 두고 맹세하게 한 것같이 하면 그들이 유대인들의 한가운데서 세워집니다(예레미야 12:16). 그러나 만일 그들이 순종하지 아니하면 주께서 그 민족을 철저히 뽑아내고 멸하리라(예레미야 12:17) 말씀합니다.]

그 영광스러운 회복 기간에 팔레스타인은 한 번 더 경작 아래 있을 것입니다. 장미처럼 기뻐하며 꽃을 피우게 될 것입니다. 이스라엘의 포로 된 자들은 그들 소유의 상속 재산에 정착될 것입니다. 피폐한 도시들이 재건되고 거주 될 것입니다. 포도원들과 동산들이 번성할 것이며, 하나님께서 친히 그들의 조상들에게 주어지고 그분의 맹세로 확인된 땅에서 그분의 선택된 백성을 심을 것

입니다. "그들의 땅에서 그들이 다시는 뽑히지 아니하리라."(아모스 9:15)

[역자 주: "주가 말하노라, 보라, 날들이 오리니 쟁기질하는 자는 곡식 거두는 자를 따라잡고 포도를 밟는 자는 씨뿌리는 자를 따라잡으며 산들은 단 포도즙을 흘리고 모든 작은 산들은 녹으리라. 또 내가 내 백성 이스라엘의 포로 된 자들을 다시 데려오리니 그들이 피폐한 도시들을 건축하여 거기 거주하며 포도원들을 세우고 그것들의 포도즙을 마시며 또한 동산들을 만들어 그것들의 열매를 먹으리라. 내가 그들을 그들의 땅에 심으리니 내가 그들에게 준 그들의 땅에서 다시는 뽑히지 아니하리라. 주 네 하나님이 말하노라."(아모스 9:13-15) '날들이 오리니'는 천년왕국을 말하는 것입니다. "쟁기질하는 자는 곡식 거두는 자를 따라잡고 포도를 밟는 자는 씨뿌리는 자를 따라잡으며"라는 말씀은 열매 수확 기간이 길다는 의미입니다. "산들은 단 포도즙을 흘리고"라는 말씀은 열매가 많다는 의미입니다. "그들이 피폐한 도시들을 건축하여 거기 거주하며"라는 말씀은 전쟁으로 피폐한 도

시들을 건축하여 거기 거주할 것을 말씀하고 있습니다. "포도원들을 세우고 그것들의 포도즙을 마실" 것입니다(이사야 65:21). "내가 그들을 그들의 땅에 심으리니 내가 그들에게 준(창세기 15:18, 에스겔 47:13-23, 48:29) 그들의 땅에서 다시는 뽑히지 아니하리라."(이사야 61:3)]

그곳에서 그분은 그들을 회복할 것이지만 주 예수 그리스도의 은혜로운 통치 아래 거기에 거주할 것입니다. "주 네 하나님이 말하노라."(아모스 9:15)라는 말씀으로 갑자기 책이 닫힙니다. 그분이 말씀하셨고, 그분은 자신의 이름을 위하여 그분의 말씀을 수행할 것입니다.